日本幼児体育学会認定
幼児体育指導員養成テキスト

運動遊具の
安全管理・安全指導
スペシャリスト

日本幼児体育学会
編著 前橋　　明
著　永井　伸人
　　浅川　和美
　　株式会社ジャクエツ

大学教育出版

ごあいさつ

日本幼児体育学会　会長　前橋　明

（早稲田大学 教授／医学博士）

　運動遊具や固定遊具は、子どもたちの健康の増進や体力づくり、情操を豊かにすることを目的として、つくられた遊具（施設）で、子どもたちに、安全でかつ健全なあそびや運動の場面を提供してくれます。みなさんも、ご存じのように、よく見受けられる遊具・施設としては、ブランコやすべり台、うんてい、ジャングルジム等があります。

　これらの遊具を安全に利用するためには、日頃からのメンテナンスが重要です。日常のメンテナンスの実施、定期点検をすること、さらには、製品の構造的な部分や対処の難しい箇所については、専門家に依頼して、修理や改善をしておくことが求められます。

　また、安全な遊具であっても、その使い方を誤ると、ケガや事故が起こります。遊具の安全な使い方を知ること、それらの基本を、使う子どもたちにも指導しておくことが求められます。

　もちろん、子どもたちだけでなく、保育現場の先生方や体育指導の先生方にも、つまり、子どもたちと関わるすべての大人やリーダーの人たちに、ぜひとも知っておいていただきたいのが、運動遊具や固定施設の安全管理の基本と安全指導の方法です。なかでも、自由あそびのときの遊具使用についての約束は、しっかり教えておく必要があります。しかし、次のようなささやかな約束事を、子どもたちに的確に伝えられる指導者が、はたして、どのくらいいるでしょうか。

①靴をしっかり履いて、脱げないようにする。

②マフラーのように、引っかかりやすいものは取って遊ぶ。

③上着の前を開けっ放しにしない。

④ランドセルやカバンは置いて遊ぶ。

⑤ひも付き手袋はしない。

⑥上から物を投げない。

⑦高所から飛び降りない。

⑧遊具に、ひもを巻きつけない。

⑨濡れた遊具では、遊ばない。

⑩壊れた遊具では、遊ばない。壊れた箇所を大人に伝える。

本書で提供する安全管理の基本や安全指導の内容・方法をしっかり把握していただき、運動遊具や固定遊具（施設）の安全管理・安全指導スペシャリストとして、幼児の体育指導や運動の指導が、より安全に展開できるように、また、日本全国をはじめ、世界へと、広く普及して、子どもたちの運動や運動あそびをより充実させていただきたいと願います。

はじめに

　運動遊具、中でも、固定遊具は、登ったり、渡ったり、滑ったりして、みんなが楽しくからだを動かして遊べる遊具です。子どもたちは、遊具でのあそびを通して、心身の発達、友だちとの協力・共同・譲り合い等の社会的・道徳的発達、遊び方を工夫する知的発達などを育み、あわせて、危険予知能力、安全能力をも養います。つまり、運動遊具は、子どもたちの成長・発達を促進する重要な遊具であり、施設というわけです。

　そのため、安全性への配慮は、遊具には不可欠です。まずは、設置に先立ち、子どもたちの動きの流れ・導線や遊具の配置を周到に行い、子どもたちが出合い頭にぶつかったり、運動の流れが極度につまったりしないよう、安全、かつ、スムーズに、遊具を使った楽しいあそびが展開できるようにしておくことが大切です。

　また、遊具の安全のためには、活動に必要とされる空間を確保すること（安全区域の確保）も、極めて重要なことです。子どもが遊具から落下したり、飛び出したりした場合に、到達すると想定される範囲です。この空間内には、遊具本体を除き、照明灯やマンホール、縁石などの施設や、石やガラス等の異物があってはなりません。

　わくわくする遊具のもつリスク（予測できる危険）は、子どもたちの挑戦したい気持ちを掻き立ててくれ、その状況下で、様々なあそびや運動をすることによって、身体能力をより一層高めていきます。ただし、予測できない危険「ハザード」はなくすことが必要です。ハザードは、遊具の挑戦的要素とは関係のないところで発生する危険のことです。ハザードには、物的ハザードと人的ハザードの2種類があります。

　物的ハザードとは、遊具の不適切な配置や構造、不十分な維持管理による遊具の不良などに問題がある危険です。人的ハザードとは、遊具使用時に、ふざけて押し合ったり、絡みやすい紐のついた手袋や靴を履く等して、遊具使用の方法に問題がある場合です。これらの危険は、子どもたちのあそびの中では、予測のできない危険であり、遊具の設計者や管理者、保護者などの大人が注意して未然に防ぐ必要があります。

　遊具は、正しい使い方をして、仲良く遊びましょう。遊具に不具合があるときは、安心して遊具を使えるよう、専門業者による点検のほか、指導者による点検を実施してもらいたいものです。遊具を利用していて、不具合や異変を感じた時は、管理者に連絡をすることが大切です。早期発見・早期対応が事故防止に繋がりますので、大人の協力が必要です。ねじが緩んでいたり、異音が生じたりするときは、子どもも、すみやかに近くにいる大人に伝えるよう、幼少児期から指導しておくことが重要です。

また、立体遊具は、ネットで囲っておくことをおすすめします。さらに、ウレタン素材を多く使用することで、転倒時のケガによる負担を軽減するように、計画しておくことも必要です。

　そして、遊具を安全に利用するためには、日頃からのメンテナンスが重要です。日常のメンテナンスの実施、また、「定期点検」をすること、さらには、製品の構造的な部分や、対処の難しい箇所については、専門家に依頼して、修理や改善をしておくことが求められます。

　さて、安全な遊具であっても、その使い方を誤ると、ケガや事故が起こります。遊具の安全な使い方を知ること、指導しておくことが求められます。保育現場の先生方や体育指導の先生方だけでなく、子どもたちと関わるすべての大人やリーダーの人たちに、ぜひとも知っておいていただきたいのが、安全指導の方法です。

　自由あそびの場面のときにも、遊具の使用についての約束事は、しっかり教えておく必要があります。例えば、①靴をしっかり履いて、脱げないようにする、②マフラーのように、引っかかりやすいものは取って遊ぶ、③上着の前を開けっ放しにしない、④ランドセルやカバンは置いて遊ぶ、⑤ひも付き手袋はしない、⑥上から物を投げない、⑦高所から飛び降りない、⑧遊具に、ひもを巻きつけない、⑨濡れた遊具では、遊ばない、⑩壊れた遊具では、遊ばない、壊れた箇所を大人に伝える等です。

　本書で、提供する安全管理や安全指導の内容をしっかり把握していただき、子どもたちへの体育指導や運動の指導を、より充実させていただきたいと願います。

　　　　　　　　　　　　　　　　　　　　　　　　　　　　　　前橋　　明

運動遊具の安全管理・安全指導スペシャリスト

目　次

ごあいさつ ……………………………………… 日本幼児体育学会会長 前橋　明 ……… **i**

はじめに ………………………………………………………… 前橋　明 …… **iii**

第Ⅰ章　固定遊具の利用とその安全 ……………………………… 前橋　明 ……… **1**

1. 固定遊具の点検と結果の対応　**1**
2. 安全に配慮した遊具の設計と製品そのものの安全性　**3**
（1）安全に配慮した設計　**3**
（2）製品そのものの安全性　**3**
（3）設計・設置上の留意点　**3**

第Ⅱ章　固定遊具、近年の総合遊具や公園遊具の特徴と安全な使い方
…………………………………………… 前橋　明 ……… **5**

1. 固定遊具や総合遊具の特徴　**5**
（1）すべり台　**5**
（2）ブランコ　**5**
（3）うんてい　**5**
（4）モニュメント遊具・恐竜遊具　**5**
（5）木登り遊具　**6**
2. 近年の公園遊具の特徴　**6**
3. 遊具の安全な使い方　**6**

第Ⅲ章　固定遊具とその使い方、養うことのできる能力
………… 前橋　明・永井伸人・ジャクエツ ……… **8**

1. 固定遊具の使い方　**8**
（1）ブランコ　**11**
（2）鉄棒　**12**
（3）ジャングルジム　**14**
（4）すべり台　**14**
（5）太鼓橋　**15**
（6）うんてい　**16**
（7）その他の遊具や複合遊具　**16**
2. 固定遊具で養うことのできる能力　**17**

（1）ロープはしご　**17**

（2）縄はしご渡り　**18**

（3）弓形スロープ　**18**

（4）タイヤリング　**18**

（5）吊り輪渡り　**19**

（6）レールうんてい　**19**

（7）ゆらゆらパネル登り　**19**

（8）リング登り　**20**

（9）U字はしご渡り　**20**

（10）パネルジャングル　**20**

（11）波形パイプ登り　**21**

（12）円盤うんてい　**21**

（13）パネル渡り　**21**

（14）リングうんてい　**22**

（15）ゴムステップ渡り　**22**

（16）ロープ伝い　**22**

（17）R形うんてい　**23**

（18）つり円盤渡り　**23**

（19）円盤渡り　**23**

（20）クロスネット渡り　**24**

（21）ロープ渡り　**24**

（22）はしご渡り　**24**

（23）ゆらゆらネット渡り　**25**

（24）波形通路　**25**

（25）ファイヤーポール　**26**

（26）ハンガーレール　**26**

（27）すべり台　**26**

（28）ドラム　**27**

第Ⅳ章　固定遊具を利用して育つ要素の解説 ……………………… 前橋　明 …… **28**

1. 体力（physical fitness）　**28**

（1）行動を起こす力　**28**

（2）持続する力　**28**

（3）正確に行う力（調整力）　**28**

（4）円滑に行う力　**29**

2. 運動スキル（movement skills）　**29**

3. 体力と運動能力（motor ability）　**29**

4. 運動時に育つ能力　**29**

第V章　固定遊具での事故によるケガの手当 ················· 浅川和美 ······ **31**

1. 固定遊具での事故によるケガ　**31**

2. 応急処置の基本　**32**

3. 応急処置の実際　**32**

（1）挫創（すり傷・切り傷）　**32**

（2）鼻出血　**33**

（3）挫傷（打撲傷）　**33**

（4）骨折　**34**

（5）頭部打撲　**35**

第VI章　遊具安全点検（劣化）··························· ジャクエツ ······ **36**

1. 目的　**36**

2. 点検の考え方　**36**

3. 点検の種類　**36**

4. 点検の実施技術者（遊具点検士）　**37**

5. 点検方法　**37**

6. 劣化判断基準　**37**

7. 点検書類の作成と報告　**39**

8. 点検の安全　**40**

（1）服装（標準）　**40**

（2）安全管理　**40**

第VII章　遊具別劣化点検のポイント ····················· ジャクエツ ······ **41**

1. ブランコ　**41**

2. すべり台　**43**

3. 鉄棒　**45**

4. シーソー　**47**

5. スプリング遊具　**49**

6. うんてい　**51**

7. ジャングルジム　**53**

8. 太鼓橋　**55**

9. 登はん棒　**56**

10. 平均台　**58**

11. スイング遊具　**59**

12. ローラーすべり台　**60**

13. 回転遊具　**62**

14. ネットクライム　**64**

15. 砂場　**66**

16. 総合遊具　**67**

資料編 ··· **69**

劣化点検表　**70**

サーキットあそび　**89**

おわりに ·· 前橋　明 ······ **90**

目　次　**ix**

第 I 章

固定遊具の利用とその安全

固定遊具は、その設置に先立ち、動きの導線や遊具の配置を周到に行い、子どもたちが出合い頭にぶつかったり、運動の流れが極度につまったりしないように、空間を確保しておくことが大切です。

この空間内には、遊具本体を除き、照明灯やマンホール、縁石などの施設や、石やガラス等の異物があってはなりません。

次に、予測できない危険「ハザード」をなくすことが必要です。ハザードには、物的ハザードと人的ハザードの2種類があり、物的ハザードとは、遊具の不適切な配置や構造、不十分な維持管理による遊具の不良などに問題がある危険です。人的ハザードとは、遊具の使用の方法に問題がある危険です。

したがって、遊具は、正しい使い方をして、仲良く遊ぶこと、遊具に不具合があるときは、専門業者による点検のほか、指導者や職員による点検を実施してもらう必要があります。早期発見・早期対応が事故防止に繋がるので、大人の協力が必要です。子どもも、ねじが緩んでいたり、異音が生じたりするようなときは、すみやかに近くにいる大人に伝えるよう、幼少児期から指導しておくことが重要です。

そして、日常のメンテナンスの実施や「定期点検」をすること、さらには、製品の構造的な部分や、対処の難しい箇所については、専門家に依頼して、修理や改善をしておくことが求められます。

1. 固定遊具の点検と結果の対応

遊具の設置後に、日常点検や定期点検を行い、必要によっては、修繕が求められます（表1）。専門家（遊具点検士）による遊具のメンテナンス契約を結んでおくことも大切です。

(1) 児童ための遊具は、定期的に点検し、または補修を行うことにより、遊具の安全確

表1　固定遊具を安全に利用するための点検

1.　日常点検
日常点検とは、遊具の変形や異常の有無を調べるために、管理者が目視診断、触手診断、聴音診断などにより、行う日常的な点検のことです。日常点検を効率的に行えるようにするには、遊具ごとに日常点検表があるとよいでしょう。
2.　定期点検
遊具点検士にお願いをして、定期的に点検（劣化点検や規準点検）を行ってもらいます。 　劣化診断の例としては、遊具の設置後、長い年月が経過すると、地面に近い箇所で、目に見えない劣化が進んでいく場合があります。そのため、定期点検によって、その劣化の状態を把握していきます。 　規準診断の例として、遊具の安全規準は年々改定されており、以前は規準を満たしていた遊具でも、現在の規準には当てはまらない場合があります。定期点検をして、現在の規準を満たしているかを確認する必要があります。
3.　遊具点検後の修繕・撤去
不具合のあった遊具については、使用禁止とし、補修が完了すれば、開放しますが、補修が不可能なものについては、撤去が基本です。

保を図り、事故を未然に防止し、適切に管理することが必要です。そのために、管理者は、専門家による遊具の保守点検を、少なくとも年に1回以上は実施してほしいものです。保守点検を行った遊具については、点検実施時における状況や点検結果を記録し、適正に保管することが大切です。また、遊具の劣化は、設置後の経過年数や、地域の気象条件ならびに遊具の使用状況、部位、構造、管理方法および立地条件などにより、劣化の進行状況が異なることに留意しておきましょう。

(2) 遊具を構成する構造部材および消耗部材は、金属類、木質類、プラスチック系、繊維などの様々な材料が用いられていることを理解し、事故に繋がりやすい危険箇所、とくに、過去の実例から危険性があると判断されるポイントについては、重点的に点検を実施することが必要です。

(3) 点検の結果、遊具の撤去または補修の必要が生じた場合は、迅速な対応が求められます。

①放置しておくことで、事故につながる恐れがあると判断されるものについては、早急に使用禁止の措置を行うとともに、撤去または補修を行うこと。

②補修の困難なものについては、撤去を行うこと。

③早急に対応する必要がない場合は、点検終了後に補修を実施すること。

④事故に繋がるおそれがなく、当該点検時に補修を実施するよりも適切な時期に補修を実施する方が効果的なものについては、経過観察をすること。

2. 安全に配慮した遊具の設計と製品そのものの安全性

（1）安全に配慮した設計

　花や樹木などの環境を生かしつつ、安全エリアを確保することが基本となります。安全マットの設置や段差の注意喚起の塗り分け等、安全に配慮した設計・配置が求められます。

（2）製品そのものの安全性

①突起の少ないボルト類：子どもたちの手やからだにふれる部分には、突起の少ないボルトを使用することが望ましいです。

②指爪防止チェーン：チェーンの隙間に樹脂カバーを取り付けてカバーチェーンにしてもらいましょう。

③盗難防止ボルト：ときに、遊具のボルトを盗む心無い人が現れることがあります。特殊工具を必要とするボルトを使い、いたずらからなる事故を防ぐことも必要です。

④鋼材の品質：JIS規格に定める鋼材を使っていることが必要です。

⑤木材：耐久性、耐水性が良く、ささくれ等が起こらないような素材が求められます。

⑥樹脂：耐候性や衛生面に優れているもの。

⑦ネット遊具：耐候性や耐摩擦性、耐熱性、衛生面に優れたもの。

⑧塗装：耐候性や耐水性、防カビ、防藻性に優れ、美観を保つもの。

（3）設計・設置上の留意点

①頭部・胴体・首・指の挟みこみ

　頭部・胴体・首・指を挟みこんでしまう隙間を除去して、事故を防止してもらいたいものです。子どもが自分の体格を意識せずに通り抜けようとした場合、頭部や胴体の挟み込みが発生しないように、開口部は胴体が入らない構造にするか、胴体が入る場合は頭部が通り抜ける構造にしましょう。

②指の挟み込み

　指が抜けなくなる恐れのある穴は、設けないようにします。

③足の挟み込み

　踊り場や通路といった歩行や走行を目的とした平坦な床面の隙間は、6mmを超えないようにしましょう。ただし、つり橋やネット渡り等のあそびを目的にした部分の隙間は、頭部や胴体の挟み込みが起こらないようにしてもらいます。要は、子どもが容易に触れる

部分には、突出部や隙間を除去し、事故を防止したいものです。

④絡まり、引っ掛かり

　子どもが容易に触れる可能性のある部分には、着衣の一部やカバンのひもが絡まったりしないように配慮しなければなりません。とくに、滑走系の遊具のすべり出し部のように、落下が予想される箇所では、絡まったり、引っかかったりする突出部や隙間がないようにしてください。落下高さに応じて、ガードレールや落下防止柵を設置し、不意な落下を防止します。

（前橋　明）

第Ⅱ章
固定遊具、近年の総合遊具や公園遊具の特徴と安全な使い方

1. 固定遊具や総合遊具の特徴

　固定遊具は、児童の健康の増進や情操を豊かにすることを目的として、児童に安全かつ健全なあそびを提供する屋外施設です。標準的設備としては、ブランコや砂場、すべり台、うんてい、ジャングルジム等があります。

（1）すべり台
　公園や校庭、園庭に標準的に設置されるすべり台は、シンプルな機能をもっていますが、おもしろさがいっぱいです。

（2）ブランコ
　揺動系遊具のブランコは、時代を超えて、多くの子どもたちに親しまれてきた遊具です。楽しさばかりではなく、最近の子どもたちの弱くなっているバランス感覚を向上させたり、様々な動作の習得に有用な運動機能を高めたりします。

（3）うんてい
　上体の筋力だけではなく、全身の筋力を高め、リズム感や持久力も養います。子どもたちのからだに、比較的強い負荷をかける運動を生み出す遊具ですが、何より子どもたちの「挑戦する」というチャレンジ精神に働きかける遊具です。

（4）モニュメント遊具・恐竜遊具
　博物館でしか見ることのできなかった古代の生き物や恐竜などが、子どもたちのあそび場にやってきます。安全性とリアリティ感を経験でき、また、本物の化石にも勝る存在感を味わわせてくれます。

（5）木登り遊具

　ダイナミックな木登りあそびが再現できます。木登りを体感できる遊具として、木登りのおもしろさ、とくに、枝から枝へ、大型であれば、安全のために、ネットがらせん状に張りめぐらされ、迷路のような遊び空間をも創ります。もちろん、子どもたちは好奇心を膨らませて枝をよじ登り、空に向かって冒険を始めます。木登り遊具は、小さな挑戦をいくつも繰り返しながら、あそびを創造し、子どもたちの夢を育んでいきます。登る、降りる、ぶら下がる、這う等、多様な動きが経験できます。

①木登りは、育ち盛りの子どもたちが「チャレンジ精神」「運動能力」「集中力」を一度に身につけることのできる運動遊具です。枝をよじ登ったり、ぶら下がったりしながら、高い所へと登っていく楽しさや木登りのおもしろさを、安全に体感できる施設です。

②遊び疲れたときには、そのままゴロン、ネットがハンモックに早変わり、からだを優しく包みます。

③木によじ登り、頂上に辿り着けば、爽快な風を感じることができます。また、自然の木を模した展望施設として、地上とは違った風景に気づいたり、小鳥たちのさえずりも身近に聞こえる格好のバードウォッチングのポイントにもなります。

2．近年の公園遊具の特徴

　近年の公園遊具の特徴では、公園を健康増進の場所として、公園内に積極的に導入されている健康遊具をよく目にします。気軽に楽しみながら、からだを動かすことのできる遊具は、トレーニング器具としても利用されています。

　この健康遊具は、広場や公園、通り、自宅の庭など、簡単に設置できて場所をとらない遊具です。気軽に遊び感覚で使ううちに、からだをいろいろと動かして、日頃の運動不足の解消にも役立ちます。目の前にあると、つい使ってしまう気軽さと楽しさが味わえます。そして、家族みんなで楽しめて、遊びながら健康になれます。

3．遊具の安全な使い方

　遊具の使用についての約束は、①靴をしっかり履いて、脱げないようにする、②マフラーのように、引っかかりやすいものは取って遊ぶ、③上着の前を開けっ放しにしない、④ランドセルやカバンは置いて遊ぶ、⑤ひも付き手袋はしない、⑥上から物を投げない、

⑦高い所から飛び降りない、⑧ひもを遊具に巻きつけない、⑨濡れた遊具では、遊ばない、⑩壊れた遊具では、遊ばない、などです（表1）。

表1　遊具の使用についての約束

（1）靴をしっかり履いて、脱げないようにする。
（2）マフラーのように、引っかかりやすいものは取って遊ぶ。
（3）上着の前を開けっ放しにしない。
（4）ランドセルやカバンは置いて遊ぶ。
（5）ひも付き手袋はしない。
（6）上から物を投げない。
（7）高い所から飛び降りない。
（8）ひもを、遊具に巻きつけない。
（9）濡れた遊具では、遊ばない。
（10）壊れた遊具では、遊ばない。壊れた箇所を大人に伝える。

（前橋　明）

第Ⅲ章

固定遊具とその使い方、養うことのできる能力

1. 固定遊具の使い方

　人間の手は、親指・人差し指・中指・薬指・小指の五本指と手のひらから構成されています。そして、個々の指を別々に動かし、力の強弱を巧みに使い分け、つまむ・握る等の動作が可能になります。

　遊具は様々ですので、握る動作も、単純に5本の指を強く曲げて握ればよいというものではありません。握るものの形状や太さ、素材などによって、握り方は変わります。例えば、軽いものを握って持ち上げるのであれば、人差し指から小指の4本指でも可能です。しかし、重いものを持ち上げるためには、親指の役割が大切になります。重いものでも、親指と他の4本指で包み込むように握ることによって力が増し、持ち上がりますが、握るものが太くなれば包み込むように握ることはできません。丸太のように太いものだと、5本の指と手のひら全てを使って持ち上げます。このように、太さによっても、指の使い方は違います。ぶら下がる場合は、この逆ですので、握りやすいものであれば、握力の強い子どもは人差し指から小指の4本指だけでも落下しません。

　親指の役割が大切なのは、他の指が手のひらへ向かって屈曲しかできない（写真1・2）のと違い、手のひらへの屈曲のほか、親指は付け根の部分から外へ開いたり（写真3）、中へ閉じたり（写真4）できるので可動域がとても広く、他の全ての指と対面で触れることができます（写真5）。このようなことから、親指は他方向への力が発揮できる重要な役割を担っています。

　幼児は、個々の発育・発達によって、手の大きさや感覚に大きな差があり、握りやすいと思う感覚は子どもによって違います。遊具の太さによっては、親指から小指の5本指と親指も上からかぶせ、手のひら全体でぶら下がった方が握りやすい場合もあります（写真6・7）。子どもは、遊具でのあそびを通して刺激を受けながら、様々な遊具に応じて適切な握り方を学んでいきます。

　ここでは、縦の握り（写真8・9）、横の握り（写真10・11）、支える（写真12・13）、

写真1

写真2

写真3

写真4

写真5

写真6

写真7

第Ⅲ章 固定遊具とその使い方、養うことのできる能力

写真 8 　　　　　　　　　　　写真 9

写真 10 　　　　　　　　　　　写真 11

写真 12

写真13

写真14

足で登る(写真14)等、遊具の使い方として基本的な内容を示します。

(1) ブランコ

　2本のロープや鎖などによって吊されている座板(踏み台)に座り、足や頭を前後にゆらし、漕ぐことによって徐々に振幅を大きくし、振り子運動を自分のからだで作ります。振り子運動を大きくすることによって、スピードと高低差を楽しんだりすることから、巧緻性や空間認知能力の獲得ができます。

握り方
・「はり」からロープや鎖などで吊るされている座板に座り、ロープを握ります。
・握る高さは、座板に座って肘を曲げ、胸から肩くらいの位置を握ります(写真15)。
・握るときは、親指が上、小指は下にして握り、親指や人差し指よりも、薬指、小指の方がしっかり握れていることが大切です(写真16)。

写真15

写真16

写真17

・握り手の上の方（親指・人差し指側）で強く握ると脇が開きやすくなり（写真17）、握り手の下の方（薬指・小指側）で強く握ると脇が締まりやすくなります（写真15・16）。
・脇が締まることによって、からだが安定します。

（2）鉄棒

　固定された鉄棒に、ぶらさがる、逆さになる、支持、回転などをすることから、全身の平衡感覚や支持力、筋力、逆さ感覚、回転感覚などが獲得できます。あそびを通して、目的とする運動に則した握り方を獲得することが、スムーズな運動につながります。また、運動に則した握り方を獲得することは、落下の防止につながり、安全の確保にもつながります。

握り方

・握り方の基本は、手の甲を上にして、人差し指から小指を鉄棒の上からまわし、親指は下からまわして握ります（順手、写真6）。
・あそびの内容によっては、順手・逆手（手のひらを上にして、人差し指から小指を鉄棒の下からまわし、親指が上）にこだわらず、自由に握らせても良いです（写真6・18）。
・腕支持を（ツバメの姿勢）する場合は、順手で握り、鉄棒にお腹をつけた姿勢で腕を押します。鉄棒よりも頭を少し前へ出すと、姿勢が安定します（写真19）。
　＊悪い例として（写真20）

写真18

写真19

写真20

- 前回り下りや逆上がり等、鉄棒を軸に回転がともなう場合には、回転が終わった時に、人差し指から小指が、鉄棒の上に位置していないと、支持またはぶら下がることができずに落下することがあります。
- 子どもの身長や手の大きさによって、高い低い・握り易い・握りづらい等の感覚が違います。握力の弱い子どもや手の小さな子どもは、鉄棒を握ったときに、親指と人差し指が十分に触れることができないので、親指から小指の全てを揃えた方が握りやすい場合があります（写真21・22）。
- ふとん干し（からだを二つ折りにして鉄棒に覆いかぶさる）をする場合は、脚の付け根部分（そけい部）が鉄棒にかかるようにかぶさり、手足の力をぬいて真下に垂れ下がるようにします（写真23）。
- ふとん干しは、落下しそうな恐怖心からお腹（おヘソあたり）で覆いかぶさりがちで

写真21

写真22

第Ⅲ章　固定遊具とその使い方、養うことのできる能力

写真 23　　　　　　　　　　　　　写真 24

すが、お腹でかぶさると、痛みが強く、力をぬいて垂れ下がることができません（写真24）。

（3）ジャングルジム
　金属パイプで立方体を組み合わせたもので、手足を使って登る、横へ移動（渡り歩き）する等、握ることに加え、足を乗せることが求められることから、筋力や巧緻性、身体認識力、空間認知能力が獲得できます。
握り方
・縦のパイプを、胸より上の高さで握る場合は、手のひら全体で握るのですが、中でも薬指と小指の方をしっかり握り（写真8）、胸より下を握る場合は、親指から中指の方をしっかり握るようにします（写真9）。
・横のパイプを握るときは、手の甲を上にして、人差し指から小指までを上からまわし、親指は下からまわして握ります。（順手、写真10）
・足の乗せ方は、土踏まず（足裏のアーチの中央、写真14））で乗るようにします。
・上下左右への移動（渡り歩き）に慣れてきたら、動く方向に適してスムーズな縦横パイプの握り方を心がけます。

（4）すべり台
　梯子や階段などを、手足を使って高い所へ上がり、そこからすべり降りて楽しむことから、筋力や平衡性、身体認識力、空間認知能力が獲得できます。
握り方
・すべり台に登るときは、両側の手すりを握り、からだを引き寄せながら階段（梯子）を登ります。

- 階段（梯子）を登るときの足は、足の裏全体で踏みしめるように確認しながら登ります。慣れてきたら、つま先寄りで踏みしめながら、足首も使って力強く登れるようにします。
- すべり降りるときは、両側の手すりをしっかりと握って座り、姿勢を整えてから手を緩め、すべり降ります。

（5）太鼓橋

　太鼓の胴のように、真ん中が半円形に盛り上がったはしご状の橋で、橋の下にぶら下がる、橋の上に登る、はしごの間をくぐる等して、筋力や平衡性、身体認識力、空間認知能力の獲得ができます。

握り方
- ぶら下がるときは、順手で握り、親指で人差し指の先を押さえるようにします（写真25）。
- 橋の上に登るときは、はしご状の手すりを順手で握り、足は土踏まずの中央で手すりを確認しながら登ります。
- 太鼓橋は、その形状から、上へ登るにしたがって、四肢でからだを支える動作へと変わります（写真26）。
- 支えるときの握り方は、手首が安定するように、手すりが手のひらの中央に収まるように握ります（写真13）。

写真25

写真26

第Ⅲ章　固定遊具とその使い方、養うことのできる能力

（6）うんてい

金属パイプ製のはしごを横方向に設置したもので、手すりにぶら下がって懸垂移行（前・後・横）や、うんていの上を、手足を使って渡り歩き等をすることから、筋力や平衡性、身体認識力、空間認知能力の獲得ができます。

握り方
- ぶら下がるときは、順手で握り、親指で人差し指の先を押さえるように握ります。
- 懸垂移行をするときは、手すりに人差し指から小指の4本指がしっかりとかかるようにします（写真27）。
- うんていの上を渡り歩きするときは、手すりが手のひらの中央に収まるように握ります（写真13）。足は、土踏まず（足裏のアーチの中央、写真14）で乗るようにします。
- うんていの下を渡り歩きするときは、ぶら下がるときと同様に順手で握り、親指で人差し指の先を押さえるように握り、足は手すりにかかっていることを確認しながら渡ります。逆さ姿勢を保つ場合は、膝を曲げて膝の裏をしっかりとかけるようにします（写真28）。

写真27　　　　　　　　　写真28

（7）その他の遊具や複合遊具

遊具は、その形状によって、求められる運動スキルや獲得できる運動スキルが違います。そして、上記に示した遊具以外にも、様々な遊具がありますが、手で握る、支える、足で支える、逆さになる等、やり方の基本は同じです。他の遊具や複合遊具でも、上記の内容をあてはめて使用してください。

（永井伸人）

2. 固定遊具で養うことのできる能力

　子どもたちは、遊具で遊びこむことによって、様々な運動スキルを獲得し、自由な発想から、あそびの内容が発展していきます。時には、ヒヤッとすることがあるかもしれませんが、見守りながらたくさん遊ばせてほしいものです。その経験が、子どもを一段と大きく成長させてくれます。

　ここで、知っていただきたい遊具として、ロープはしご、縄はしご渡り、弓形スロープ、タイヤリング、吊り輪渡り、レールうんてい、ゆらゆらパネル登り、リング登り、U字はしご渡り、パネルジャングル、波形パイプ登り、円盤うんてい、パネル渡り、リングうんてい、ゴムステップ渡り、ロープ伝い、R形うんてい、つり円盤渡り、円盤わたり、クロスネット渡り、ロープ渡り、はしご渡り、ゆらゆらネット渡り、波形通路、ファイヤーポール、ハンガーレール、すべり台、ドラムの28種類の遊具を取り上げて、それぞれの遊具を使うことによって、養うことのできる能力を考えてみましょう。

（1）ロープはしご
【遊具の使い方】
ロープで吊り下げた梯子です。
揺れながら、踊り場まで登ります。
【育つもの】
・吊り梯子を両手でつかんで登ることにより、両手の筋力や腹筋力、背筋力、バランス能力が身につきます。
・吊り梯子から踊り場に移動する際には、平衡性や巧緻性が高まるとともに、空間認知能力が育ちます。
・動作としては、移動系運動スキル（登る・下りる）が養われます。

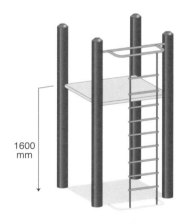

（２）縄はしご渡り

【遊具の使い方】

ロープで吊り下げた梯子が連続しています。
揺れながら上下左右に移動します。
（左右に踊り場を付けます。）

【育つもの】

・全身の筋力と調整力を発揮しながら、バランスをとって移動します。中でも、両腕・両足の筋力や巧緻性（器用さ）を養うことができます。

・左右や上下に移動することにより、移動系運動スキル（登る・伝う）を養いながら、空間認知能力を高めます。

（３）弓形スロープ

【遊具の使い方】

弓形の坂登りです。踊り場付近はかなり急な傾斜で、ロープを補助にして登るようになります。

【育つもの】

・腕や脚の筋力や腹筋や背筋力を高めます。すばやい動きで登ろうとすれば、瞬発力が高まり、器用にバランスを維持しながら登ることができれば、平衡性や巧緻性の能力が伸びていきます。

・動きとしては、移動系運動スキル（登る・下りる）が育成できます。

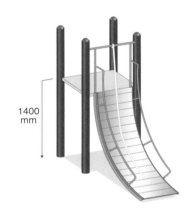

（４）タイヤリング

【遊具の使い方】

チェーンで吊り下げた不安定なタイヤを登り、踊り場に乗り移ります。（踊り場の下に取り付けます。）

【育つもの】

・全身の筋力や瞬発力、平衡性や協応性、巧緻性などの調整力を養い、移動系運動スキル（登る・下りる）を身につけます。

（5）吊り輪渡り

【遊具の使い方】

三角形の持ち手が左右に揺れるうんていです。通常のうんていより高いレベルの調整力と握力が必要です。（左右に、踊り場を付けます。）

【育つもの】

・握力や腹筋力、背筋力などの筋力を高めます。また、伝い移動することにより、身体調整力やリズム感を養い、移動系運動スキル（伝い移動）を身につけます。

・持ち手に、その場でつかまって、ぶら下がる運動をすれば、筋持久力を高め、非移動系運動スキル（ぶら下がる）を育成します。

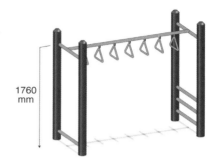

（6）レールうんてい

【遊具の使い方】

左右の手の進める距離が違う曲線型のうんていです。（左右に踊り場を付けます。）

【育つもの】

・ぶら下がって移動することにより、筋力や持久力、リズム感を育み、移動系運動スキル（ぶら下がり移動）を向上させます。

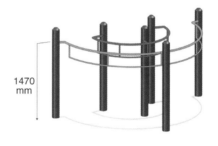

（7）ゆらゆらパネル登り

【遊具の使い方】

ロープで吊り下げたパネルスロープです。手すりは固定ですが、足もとは揺れながら、踊り場まで登ります。

【育つもの】

・不安定なスロープを登り降りすることにより、平衡性や全身筋力、巧緻性を養います。

・踊り場に立つことにより、平衡性や空間認知能力が育ち、達成感を味わうことができます。

第Ⅲ章　固定遊具とその使い方、養うことのできる能力

（8）リング登り
【遊具の使い方】
スパイラルリングの登り棒です。からだをリングに合わせて回転させながら上り下りします。
【育つもの】
・リングの登り降りをすることにより、筋力や持久力、手足の協応性や器用さを育み、身体調整力を向上させます。
・動きに慣れてくると、巧緻性が高まり、移動系運動スキル（登り降り）がよりスムーズに発揮できるようになります。

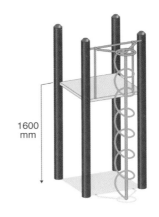

（9）U字はしご渡り
【遊具の使い方】
3方向に取り付けた足かけを使い、からだをかわしながら上り下りをします。
【育つもの】
・筋力や瞬発力の力を借りて、リズミカルに上に登っていくことができれば、身体の巧緻性や協応性がより高まっていきます。
・登ったり、降りたりする移動系運動スキルの向上につながります。

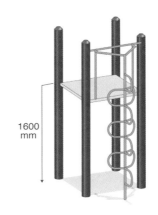

（10）パネルジャングル
【遊具の使い方】
肋木とクライミングウォールを組み合わせて、踊り場間を渡ります。（左右に踊り場を付けます。）
【育つもの】
・肋木や壁を伝って移動していくと、空間の認知能力や身体調整力、全身の筋力や持久力が鍛えられます。

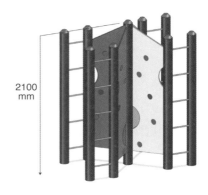

（11）波形パイプ登り
【遊具の使い方】
2本の波形パイプの上を、手と足を使って登ります。
2本の波形は、ずれています。
【育つもの】
・パイプの上を、手と足を使って登り降りをすることによって、手足の協応性や平衡性、筋力を育み、動的な平衡系運動スキル（渡る）を身につけていきます。
・動きに慣れてくると、リズム感やスピード感もついてきます。

（12）円盤うんてい
【遊具の使い方】
前後左右に、自由にからだの向きを変えて移動するうんていです。（左右に踊り場を付けます。）
【育つもの】
・うんていのバーにぶら下がることにより、筋力や持久力という体力要素が高まるだけでなく、「ぶら下がる」という非移動系運動スキルが身につきます。
・バーを伝って移動することにより、瞬発力やリズム感、巧緻性も高まっていきます。

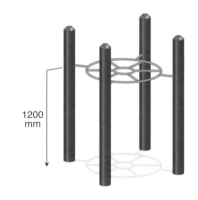

（13）パネル渡り
【遊具の使い方】
開口部に手や足を掛け、左右に移動します。上下パネルの空間で反対側にからだを移動させることもできます。（左右に踊り場を付けます。）
【育つもの】
・手や足を開口部にかけて左右に移動することにより、全身の筋力や持久力、リズム感を養うとともに、手足の協応性や巧緻性、空間認知能力を高めます。
・動作としては、移動系運動スキル（伝い渡る）を身につけます。

(14) リングうんてい

【遊具の使い方】

曲線の持ち手を傾けたうんていです。手首を進む方向に平行にして渡ります。（左右に踊り場を付けます。）

【育つもの】

・ぶら下がって移動することにより、全身の筋力や持久力、瞬発力を高めるとともに、動きを効率的に連続させるためのリズム感も養います。

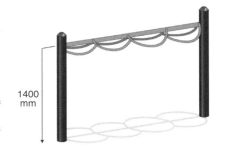

(15) ゴムステップ渡り

【遊具の使い方】

斜めに固定したステップに乗って、リズミカルに渡ります。（支柱を短くし、左右に踊り場を付けます。）

【育つもの】

・ステップに乗って落ちないように渡っていくことにより、平衡性を養うとともに、身体認識力や空間認知能力を育てます。
・バランスをとって渡るという平衡系運動スキルも育成します。

(16) ロープ伝い

【遊具の使い方】

斜めに張ったロープに掴まり、からだを揺らしたりしながら伝い渡りをします。（左右に踊り場を付けます。）

【育つもの】

・ロープにつかまって渡っていくことによって、平衡性や巧緻性を養い、平衡系運動スキル（渡る）を身につけます。
・ロープにぶら下がることによって、筋力や持久力を養います。

（17）R形うんてい
【遊具の使い方】
弓形のうんていです。からだの向きを変えながら渡ります。（左右に踊り場を付けます。）
【育つもの】
・うんていにぶら下がって伝い移動をすることによって、筋力やリズム感、持久力を養うとともに、空間認知能力を高めます。

（18）つり円盤渡り
【遊具の使い方】
1本ロープで吊った円盤は不安定で、ロープにつかまり渡ります。（左右に踊り場を付けます。）
【育つもの】
・ロープにつかまり、不安定な円盤上を渡っていくことにより、平衡性や巧緻性、協応性、筋力を養うとともに、空間認知能力や身体の調整力を鍛えます。

（19）円盤渡り
【遊具の使い方】
小刻みに前後する円盤を敷き詰めた通路を渡っていきます。
手すりは、固定です。
【育つもの】
・不安定な円盤の通路を渡っていくことにより、平衡性や巧緻性、リズム感を養い、移動系運動スキル（渡る）や平衡系運動スキルを身につけます。
・手すりを持って移動することにより、スムーズに移動するための各身体部位にかける力加減の仕方を学んでいきます。

（20）クロスネット渡り

【遊具の使い方】

90度にひねったネット通路を渡って進みます。連続するとメビウスのリングのように、ネット面が反転するのでオーバーハングになり、難しくなります。（左右に踊り場を付けます。）

【育つもの】

・ひねったネット通路を移動することにより、平衡性や巧緻性、筋力や空間認知能力を養い、平衡系運動スキル（渡る）を身につけます。

（21）ロープ渡り

【遊具の使い方】

持ち手のロープも足かけのロープも左右に揺れ、難易度の高いロープ渡りです。（左右に踊り場を付けます。）

【育つもの】

・ロープを手で持ち、足を掛けて渡ることにより、平衡性や巧緻性、筋力、手足の協応性を高めるだけでなく、リズム感や身体認識力、空間認知能力を養います。
・手と足がうまく協応して、ロープをつかんだり、ステップを踏んだりして移動することにより、平衡系の運動スキルや移動系の運動スキルを身につけるだけでなく、高いレベルの身体調整力を身につけます。

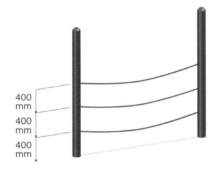

（22）はしご渡り

【遊具の使い方】

ロープで吊り下げた2組にした梯子面です。
揺れながら、上下左右に移動します。（左右に踊り場を付けます。）

【育つもの】

・揺れるはしごを登ったり、伝ったりして移動することにより、平衡系や移動系の運動スキルを身につけるとともに、身体認識力や筋力、平衡性、巧緻性を

はじめとする体力も高めます。
・上下、左右への動きをスムーズに行うための空間認知能力も、このあそび体験で大きく育っていきます。

(23) ゆらゆらネット渡り
【遊具の使い方】
ネットを弛ませ、足下を不安定にさせた通路渡りです。手すりは固定で、左右に踊り場を付けます。

【育つもの】
・ネット上をバランスをとりながら、移動することにより、平衡性や巧緻性の体力要素がぐんと伸びていきます。
・手すりを持って移動することにより、上肢や下肢にかける力配分の仕方も学んでいき、身体の調整力や平衡系運動スキル（渡る）が身についていきます。

(24) 波形通路
【遊具の使い方】
ゴムコーティングした波形通路を渡って進みます。
（左右に踊り場を付けます。）

【育つもの】
・波形通路を歩くだけで、バランス能力を高める刺激となります。
・高さが変化するので、上下、前後の空間認知能力が育っていきます。
・体力の要素としては、平衡性や筋力、巧緻性が養われていきます。動きとしては、平衡系と移動系の運動スキル（渡る）が身につきます。

(25) ファイヤーポール

【遊具の使い方】

踊り場からすべり降りるポールです。(昔、消防署に設置されていました。現在は無いようです。)

【育つもの】

・ポールを伝って、登ったり降りたりして、移動系運動スキルを高めるとともに、体力面では、筋力やスピード感、巧緻性を養います。

・一瞬にして位置(高さ)が変わる楽しさが経験できる中で、空間認知能力を育てていきます。

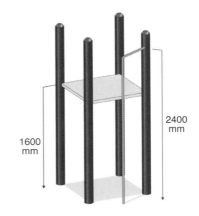

(26) ハンガーレール

【遊具の使い方】

持ち手にぶら下がり、勢いを付けてスライドさせ、移動します。(左右に踊り場を付けます。)

【育つもの】

・持ち手にぶら下がって、からだを維持することで、筋力や持久力を養い、非移動系運動スキル(ぶら下がる)を身につけていきます。

・ぶら下がったまま、スライドさせて移動することにより、スピード感を味わいながら、空間認知能力を高めていきます。

(27) すべり台

【遊具の使い方】

2人が仲良く、あるいは競争して滑る2連すべり台です。

【育つもの】

・すべり台をすべり降りることで、平衡性や巧緻性をはじめとする身体調整力を高め、スピード感や空間認知能力を養います。

・2人が並んでいっしょにすべり降りることで楽しさが増したり、競争ができたりして交流体験がもてます。

（28）ドラム
【遊具の使い方】
太鼓です。音階の異なる太鼓を複数取りつけて、たたいて楽しみます。
【育つもの】
・太鼓をたたいて音を楽しむことにより、音による刺激を得る感覚訓練につながっていきます。
・複数の太鼓をたたいて異なる音階を楽しもうと、からだを動かすことにより、リズム感や協応性を育む経験にもなっていきます。

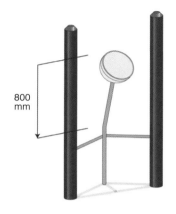

（前橋　明・ジャクエツ）

第Ⅳ章

固定遊具を利用して育つ要素の解説

1. 体力（physical fitness）

（1）行動を起こす力

1）筋力（strength）……筋が収縮することによって生じる力のこと、つまり、筋が最大努力によって、どれくらい大きな力を発揮し得るかということで、kgであらわします。

2）瞬発力（power）……パワーという言葉で用いられ、瞬間的に大きな力を出して運動を起こす能力をいいます。

（2）持続する力

持久力（endurance）といい、用いられる筋群に負荷のかかった状態で、いかに長時間作業を続けることができるかという筋持久力（muscular endurance）と、全身的な運動を長時間継続して行う呼吸・循環機能の持久力（cardiovascular／respiratory endurance）に、大きくわけられます。

（3）正確に行う力（調整力）

1）協応性（coordination）……身体の2つ以上の部位の運動を、1つのまとまった運動に融合したり、身体の内・外からの刺激に対応して運動したりする能力を指し、複雑な運動を学習する場合に重要な役割を果たします。

2）平衡性（balance）……バランスという言葉で用いられ、身体の姿勢を保つ能力をいいます。歩いたり、跳んだり、渡ったりする運動の中で、姿勢の安定性を意味する動的平衡性と、静止した状態での安定性を意味する静的平衡性とに区別されます。

3）敏捷性（agility）……身体をすばやく動かして、方向を転換したり、刺激に対して反応したりする能力をいいます。

4）巧緻性（skillfulness）……身体を目的に合わせて正確に、すばやく、なめらかに動かす能力であり、いわゆる器用さ、巧みさのことをいいます。

（4）円滑に行う力
1) 柔軟性（flexibility）……からだの柔らかさのことで、身体をいろいろな方向に曲げた
り、伸ばしたりする能力です。この能力が優れていると、運動をスムーズに大きく、美
しく行うことができます。
2) リズム（rhythm）……音、拍子、動き、または、無理のない美しい連続的運動を含む
調子のことで、運動の協応や効率に関係します。
3) スピード（speed）……物体の進行するはやさをいいます。

2. 運動スキル（movement skills）

1) 移動系運動スキル……歩く、走る、這う、跳ぶ、スキップする、泳ぐ等、ある場所か
ら他の場所へ動く技術です。
2) 平衡系運動スキル……バランスをとる、渡る等、姿勢の安定を保つスキルです。
3) 操作系運動スキル……投げる、蹴る、打つ、取る等、物に働きかけたり、操ったりす
る動きの技術です。
4) 非移動系運動スキル（その場での運動スキル）……その場で、ぶら下がったり、押し
たり、引いたりする技術のことです。

3. 体力と運動能力（motor ability）

体力は、筋力や持久力、柔軟性、敏捷性など、それらを発揮する際のスキルをできるだ
け排除した形でとらえた生体の機能を意味します。
一方、運動能力は、走、跳、投といった、体力に、運動やスポーツに必要な基本的なス
キルを加味した能力を意味します。

4. 運動時に育つ能力

1) 身体認識力（body awareness）……身体部分（手、足、膝、指、頭、背中など）とそ
の動き（筋肉運動的な動き）を理解・認識する力です。自分のからだが、どのように動
き、どのような姿勢になっているかを見極める力です。

第Ⅳ章　固定遊具を利用して育つ要素の解説　**29**

2）空間認知能力（spacial awareness）……自分のからだと自己を取り巻く空間について
　知り、からだと方向・位置関係（上下・左右・高低など）を理解する能力です。

　子どもたちが固定遊具を有効に、かつ、安全に使えるようにすると、子どもたちの体力
や運動能力、運動スキルが適切に伸びていきます。それだけでなく、ケガや事故の防止に
も自然につながっていきます。
　要は、子どもたちのより良い心とからだを育てるためには、①子どもの運動環境（遊
具）を正しく整えることと、②それらの遊具を使って、からだを鍛える適切な運動を実践
することが大切です。

（前橋　明）

第Ⅴ章 固定遊具での事故によるケガの手当

1. 固定遊具での事故によるケガ

　園庭や公園などに設置されている遊具による、多様なあそびを通してのヒヤッとした経験、あるいは意欲的なあそびによる失敗（ケガ）の経験は、子どもが危険を理解し、予知し、避けるといったことを学習する機会となります。

　重大な事故につながる危険性は除去した上で、小さな危険を伴う冒険や挑戦の機会をもつことは、子どもの成長にとって必要です。

　3歳未満の乳幼児が遊具で遊ぶ際には、保護者による安全確保が必要なので、常時、保護者らとともに利用することが前提です。また、3歳以上小学校就学前の幼児では、保護者または大人が同伴します。事故情報をみると、うんていやシーソー等は、年齢の低い子どもほど重い症状になっているので、周囲の大人が十分に気を配り、大きな事故にならないように注意しましょう。

　日本スポーツ振興センターによると、平成22年度に共済給付を行った保育所および幼稚園の3歳以上の幼児による遊具に関わる事故では、挫傷・打撲（30.9％）が最も多く、次いで、骨折（21.2％）、挫創（14％）でした[1]。部位別では、頭部、歯部、眼部などの顔部が最も多く（46.5％）、上肢部（24.7％）、下肢部（8.5％）、体幹部（4.4％）の順でした。

　固定遊具での事故によってケガをした場合、医師の診療を受けるまでの間に行われる応急手当が適正であれば、疼痛や障害の程度を軽減し、その後の回復や治癒を早めることができます。

2. 応急処置の基本

　子どもの状態の変化は早いので、急激に悪化しやすいものですが、回復も早いのです。子どものケガや急病への的確な判断による応急処置と、医療機関の受診の判断ができることは重要です。

　事故があったときは、以下に留意して対応しましょう。

1）観察する。

　子どもをよく観察し、話しかけ、触れてみて、局所だけでなく、全身状態を観察します。

2）生命の危険な兆候をとらえる。

　心臓停止、呼吸停止、大出血、誤嚥の時は、生命の危険をともなうので、救急車を呼ぶと同時に、直ちに救命処置を行います。

3）子どもを安心させるために、落ち着いて対応する。

　幼児は苦痛や処置に対する恐怖心を抱き、精神状態が不安定になりやすいものです。大人は、幼児本人にも、まわりの子どもに対しても、あわてないで、落ち着いた態度で対応し、信頼感を得るようにします。子どもの目線と同じ高さで、わかりやすい優しい言葉で話しかけて安心させます。

4）適切な体位をとらせて、保温に努める。

　状態や傷に応じて、良い姿勢を保つようにします。保温に努めて、体力を低下させないようにします。

3. 応急処置の実際

（1）挫創（すり傷・切り傷）

　皮膚が傷つき、出血と痛みを伴います。

　出血しているときは、出血部位をできるだけ心臓より高い位置にして、清潔なハンカチやタオルで押さえて圧迫止血します。

　止血した後、または、出血が少ない場合は、細菌感染を防ぐために、傷口についた砂や泥などの異物を水道水でていねいに洗い流すことが大切です。異物を水で洗い流したあとは、できるだけ消毒薬は使わないようにします。消毒薬は、傷口に侵入した細菌の力を弱めたり、死滅させる作用があります。同時に、消毒薬は皮膚の細胞にも作用して、健康な

細胞の力を弱めてしまい、傷の回復を妨げます。

　異物が取れたら、救急絆創膏を貼り、傷口を乾燥させないように湿潤療法[2]を行います。湿潤療法とは、傷を被覆材でぴったり覆って湿った環境を保つことで、細胞修復因子を多く含んだ浸出液を最大限に利用することです。皮膚が傷つくと、傷口周囲に、細胞を修復させるための細胞が集まってきます。傷口の透明な液体は傷を治す多くの成分を含んでいます。ガーゼは、透明な液体を吸い取ってしまい、傷口を乾燥させてしまうために、傷の治りを妨げます。絆創膏を傷口に密着させて傷口を乾燥させない湿潤療法は、消毒薬を使うより、痛みが少なく、傷の治りも早い治療法です。

　私たちの身体が本来もっている細胞を修復する力を最大限に生かすために、水道水で傷口の汚れや細菌を除去し、消毒薬を使わないで、新たに細菌が侵入しない湿潤環境を作ることは、痛みが少なく、傷を早く、きれいに治すことになります。

　しかし、傷が深い場合や釘やガラス等が刺さった場合は、皮膚の中に汚れやサビ、ガラス片などが残り、感染を引き起こすことがあります。受傷直後は、血液とともに押し出すようにして洗い流し、清潔なガーゼを当てて止血します。その後で外科受診を勧めます。

（2）鼻出血

　鼻根部（鼻翼の付け根の鼻中隔側）には、たくさんの毛細血管が集まっているキーゼルバッハ部位があります。そのため、鼻出血では、キーゼルバッハ部位から出血する割合が高くなります。また、一度出血した部分は、血管が弱くなり再出血しやすいので、軽くぶつけたときや、興奮した場合、運動したときに突然出血することがあります。鼻出血の時は、このキーゼルバッハ部位を圧迫止血すると、早く止血できます。

　鼻血が出てしまったら、出血部位が心臓より高い位置になるように、子どもを座らせて少し前かがみにします。鼻血が前に出てくるようにして、ガーゼで拭き取ります。血液を飲み込むと胃にたまって吐き気を誘発しますので、血液が口の中に流れ込んできたら、飲み込まずに吐き出させます。口で息をするように説明し、鼻翼部を鼻中隔に向かって強く押さえます。10分くらい押さえると、止血します。圧迫しても、鼻出血が10分以上続く場合は、医療機関の受診を勧めます。

（3）挫傷（打撲傷）

　遊具からの転落や転倒、衝突などの、強い打撃でできる傷です。皮膚が破れていないので出血はありませんが、皮下の血管や神経の損傷を起こしているため、痛みや腫れを伴います。腕や足の挫傷で強い痛みを訴えるときは、捻挫や骨折を起こしている場合もあります。

受傷直後は、下記の"RICE"にそって処置します。

R（Rest）　　　：安静にする

I（Ice）　　　 ：氷や氷嚢で冷やす

C（Compress）：圧迫固定する

E（Elevate）　：損傷部位を挙上する

受傷した部位はできるだけ動かさないようにして、流水または氷水で絞ったタオルをあて、3～4分おきにタオルを絞りなおして冷やします。冷やすことにより、内出血を抑え、腫脹や疼痛を軽減させることができます。

痛みがひいてきて、腫れがひどくならないようなら、そのまま様子をみます。

腫れがひどくなる場合や、痛みが強く、持続する場合には骨折の可能性もあるので、整形外科を受診するようにすすめます。

（4）骨折

外力によって、骨の連続性をたたれた状態。完全な骨折と、たわんだり、ひびが入っただけの場合（不全骨折）があり、不全骨折の場合は、レントゲンをとってもわからない場合があります。

子どもの骨は発育途上にあるので、まだ十分にカルシウムが沈着していないため、大人のように硬くなっていません。そのため、子どもの場合は、この不全骨折が多く起こります。子どもの骨折は、修復するのが早く、不全骨折でも元通りに治癒する場合もあります。しかし、骨折部位がずれたり、ゆがんだりしたまま修復した場合、変形や機能障害を起こします。痛みが強い時や、腫れや内出血が強い場合、1～2週間たっても痛みが引かない場合は、病院に行って、骨折であるかどうか、診断してもらうことが必要です。

骨折を疑うような強い痛みを訴えるときは、骨折部を動かさないようにします。骨折部を動かすと、血管や神経を損傷するので、そのままの形で固定します。出血と腫れを最小限にするために、骨折した部位は下に下げないで、挙上します。

上肢の骨折が疑われる場合は、腕を上半身に固定します。下肢の場合は、足をまっすぐに伸ばし、受傷していない側の足を添え木として患足を固定します。両足の間にタオルや衣類などをはさんで、三角巾で、①足首、②足の甲、③ひざの上、④ひざの下を縛って固定します。結び目が腫れている部分にならないように、健足の上でしっかり結びます。足の下に座布団などを置き、患足を挙上して、病院に運びます。

（5）頭部打撲

　転落や転倒などによって頭をぶつけた直後は、しばらく安静にして様子を観察します。顔色が悪い、嘔吐がある、体動が少なく、ボーッとして名前を呼んでも反応がない、明らかな意識障害やけいれんをきたす場合などは、すぐに医療機関（脳神経外科が望ましい）を受診させます。

　また、頭をうった直後に症状がなくても、内部の血管が損傷して出血している場合があり、2～3日後に頭痛、吐き気、嘔吐、けいれん等の症状が現れる場合があります。保護者には、2～3日は注意深く観察する必要があることを説明します。

注
　1）萩須隆雄：保育環境としての遊び場における事故防止について，保育科学研究4．pp.95-102, 2013.
　2）夏井　睦著：さらば消毒とガーゼ，春秋社，p.84, 2006.

参考文献
　1）山本保博ほか監訳：アトラス応急処置マニュアル原書第9版 増補版，南江堂，2012.

（浅川和美）

第Ⅵ章 遊具安全点検（劣化）

1. 目的

遊具点検については、「子ども視点からの安全・安心を追求する考え方」を基本とし、子どもの安全・安心の向上、健やかな成長発達のために、遊具の安全を確保し、幼児教育・児童教育への社会貢献を行うこととします。また、公園遊具においても、使用する子どもたちのために、安全・安心を追求することとします。

2. 点検の考え方

点検は、遊具の構造や劣化の点検・修理にとどまらず、子どもにとって安全で楽しいあそびの確保ができるかという視点で行うこととし、安全エリアについても点検することとします。点検は、子どもたちの使用時における危険な状況を把握できることがあるため、子どもたちの遊び方も調査します。

3. 点検の種類

表1　点検の種類

日常点検	管理者（幼児施設や学校、自治体など）が、目視・聴診・触診などで、日常的に劣化や異常を確認する点検です。
定期点検	専門家が定期的（1年に1回以上）に劣化（目視、触診、聴診、打診）や規準を調査する点検です。

4. 点検の実施技術者（遊具点検士）

劣化点検業務は、遊具点検士が行います。劣化点検報告書は、遊具点検士が作成し、点検した者以外の遊具点検士が照査します。

5. 点検方法

点検のポイントをまとめてみます（表2）。

①地際部については、重要なチェックポイントであるため、掘削して調査します。

②各ジョイント部は、老朽化・破損・摩耗の危険な部位であるため、注意深く調査をします。

③部品の老朽化・破損・摩耗は、事故につながるポイントであるために、注意深く調査をします。

④安全エリアは、危険を回避する重要なポイントであるため、注意深く調査をします。

表2　点検のチェック項目と内容

項　目	内　　容
目　視	外観や形状を見て、劣化の状態を検査します。
触　診	素手で触り、劣化の状態や突起、ささくれ等を検査します。
聴　診	遊具を使用し、構造部や駆動部などに異常音やがたつきがないかを検査します。多くは可動部の油切れが原因と予想できますが、ベアリング等の破損・摩耗も考えられるため、注意深く調査をします。
揺　れ	全体をゆすり、おおきなぐらつきがないか検査します。
打　検	テストハンマーでたたき、表面の劣化・腐食の状況やボルトの緩みがないかを検査します。木製遊具においては、打検時にマイナスドライバーにて突き刺して判断することも必要です。
メジャー	JIS1級表示製品を使用、磨耗、劣化の状態を検査します。
ノギス	JIS1級表示製品を使用、磨耗、劣化の状態を検査します。

6. 劣化判断基準

劣化判断基準は、表3によります。

第Ⅵ章　遊具安全点検（劣化）

表 3　劣化判断基準

判定の種類

判　定		状　態
○	指摘無し	異常がなく使用できる。
△	要重点点検	現時点では使用できるが、経過観察を要し、不具合が進行した場合は修繕を必要とする。
×	要是正	直ちに修繕を必要とする。

判定基準

種別	項　目	判　定		基　準
鋼材	錆（腐食）	○	指摘無し	錆が発生していない。
		△	要重点点検	表面の錆は点錆程度である。
		×	要是正	錆が進行して穴があいている。
				テストハンマーで叩くと錆が剥がれ落ちるか穴があく。
				全体的に錆が発生している。
	摩耗	○	指摘無し	厚みが設計値の 90％以上である。
		△	要重点点検	厚みが設計値の 80％以上 90％未満である。
		×	要是正	厚みが設計値の 80％未満である。
	塗装（剥離・キズ）	○	指摘無し	塗膜に剥離や浮きや傷が無い。
		△	要重点点検	塗膜に剥離や浮きや傷が有るが、表面の錆は点錆程度である。
				退色や白亜化が進行している。
		×	要是正	塗膜に剥離や浮きや傷が有り、表面積の 30％以上に錆が発生している。
木材	腐朽	○	指摘無し	テストハンマーで叩くと高く乾いた音がし、叩いた跡がほとんど付かない。
		△	要重点点検	テストハンマーで叩くと低くく湿った音がし、叩いた跡が残る。
		×	要是正	マイナスドライバー等で貫通しようとすると、ほとんど抵抗なく突き刺さる。
				表面が腐食し、断面積で 70％未満である。
ワイヤーロープ	素線切れ	○	指摘無し	素線切れが無く、錆が発生していない。
		△	要重点点検	1 よりピッチ内の素線切れが 10％未満である。集中素線切れの場合は 5％未満である。
		×	要是正	1 よりピッチ内の素線切れが 10％以上である。集中素線切れの場合は 5％以上である。
				素線が緩んだり、形くずれ（キンク）している。
				著しく錆が発生している。
	径（摩耗）	○	指摘無し	摩耗がない。
		△	要重点点検	径が設計値の 90％以上である。
		×	要是正	径が設計値の 90％未満である。

種類	項目	判定		基準
樹脂ロープ	状態（摩耗・破断）	○	指摘無し	損傷や摩耗や腐食が無い。
		△	要重点点検	軽度の摩耗で硬化している。
		×	要是正	ストランドが断線している。
				著しい損傷や腐食がある。
チェーン	錆（腐食）	○	指摘無し	錆が発生していない。
		△	要重点点検	表面の錆は点錆程度である。
		×	要是正	テストハンマーで叩くと錆が剥がれ落ちる。
				全体的に錆が発生している。
	径（摩耗）	○	指摘無し	摩耗がない。
		△	要重点点検	径が設計値の 70％以上である。
		×	要是正	径が設計値の 70％未満である。
基礎	露出	○	指摘無し	基礎天からの土かぶりが 10 cm 以上である。
		△	要重点点検	基礎天からの土かぶりが 0 を超え 10 cm 未満である。
		×	要是正	基礎天が地面から露出している。

総合判定の基準

種　類	使　用	基　　準
A 判定	可	全ての項目が指摘無し
B 判定	可	要重点点検が 1 項目以上あり、要是正項目がない場合
C 判定	不可	一つの項目でも要是正がある場合

7. 点検書類の作成と報告

　点検書類は、遊具劣化点検総括表と遊具劣化点検表をセットとします（資料編参照）。個別の遊具劣化点検表をまとめたものを、遊具劣化点検総括表として一覧できるものとし、写真アルバムとともに提出することとします。

　写真管理は、黒板に施設名・点検日・遊具名などを記入し、撮影します。異常部においては、黒板に状況を記入し、わかりやすく見るために、ドライバーやテストハンマーを当てて接写することとします。

　点検にて発見した不具合箇所や落下対策必要箇所については、適正な修繕の提案を行います。

8. 点検の安全

(1) 服装（標準）

　安全に遊具を点検するために、下記のような服装で点検作業を行います。

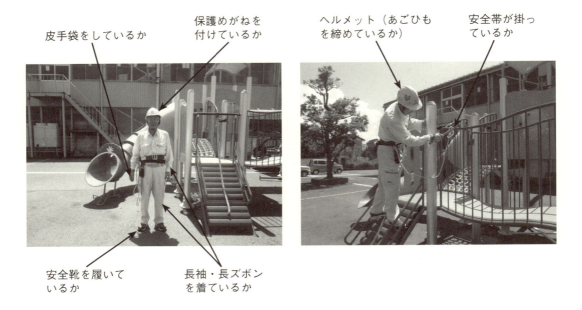

(2) 安全管理

①作業に入る前に、当日の点検作業の危険予知をし、安全意識の向上を図ります。

②第三者（利用者や所有者など）の生命や身体、および財産に対して、危害や迷惑となる行為の防止に努めます。

③点検中であることを表示し、利用者の安全確保をするために、一時利用を停止していただき、必要に応じてロープ柵やコーンバリケード等を設置します。

④安全帯は、高さ2m以上で落下の危険性がある場所での点検作業をする場合に使用します。危険な高所点検作業は、2名以上で行い、高齢者は高所での点検作業をなるべく行わせないように配慮します。

⑤点検中に事故が発生すると予見される危険箇所が発見された場合は、所有者や管理者と協議して、使用禁止処置やテーピング等の応急処置を行います。

（ジャクエツ）

第Ⅶ章 遊具別劣化点検のポイント

1. ブランコ

①支柱地際部は、掘削し、腐食していないかを目視、打検で全数チェックします。
②梁と支柱の鋳物接合部は、分解せずに目視、打検をしますが、鋳物との隙間から錆の流れた跡があると、内部腐食が考えられるので念入りにチェックします。
③吊り金具部は、分解せずに目視・打検しますが、ベアリングの摩耗による回転軸のガタツキや取り付け穴の摩耗をチェックします。
④吊り具のチェーンは特に上端と下端の接合部の摩耗をチェックします。
⑤吊り具を掛ける割型鋳物の固定ボルトが腐食していないかをマイナスドライバーで念入りにチェックします。
⑥座板の固定ボルトの緩みは、全数チェックします。
⑦ゴムカバー座板の固定ナットが、ステンレス製に交換されているか、裏側のキャップを外してチェックします。
⑧実際に使ってみて、全体のグラツキや異常音をチェックします。

劣化点検ポイント部位図

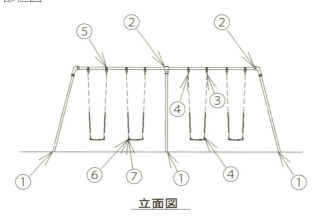

立面図

①支柱地際部腐食

②鋳物接合部腐食

③吊り金具ベアリング腐食部

④チェーン摩耗部

⑤割型鋳物固定ボルト腐食部

⑥⑦座板固定ナット部

2. すべり台

①支柱地際部は掘削し、腐食していないか、目視、打検で全数チェックします。
②すべり面と側板接合部（表側も裏側）が腐食していないか、目視、打検でチェックします。
③踊り場とすべり面との接合部に、隙間がないかをチェックします。
④踊り場との接合ボルトが腐食していないかを目視、打検でチェックします。
⑤踊り場と柵の接合部が腐食していないかを目視、打検でチェックします。
⑥すべり面に破損、割れがないかをチェックします。
⑦実際に使ってみて、全体のグラツキや異常音をチェックします。

劣化点検ポイント部位図

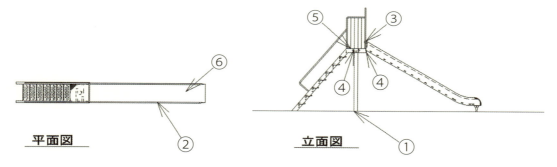

平面図　　　　　　　　　　　立面図

①支柱地際部腐食

②すべり面と側板接合部腐食

③すべり面と手すりの隙間

④踊り場との接合ボルト腐食

⑤踊り場と柵の接合部腐食

⑥すべり面の破損・割れ

3. 鉄棒

①支柱地際部は掘削し、腐食していないかを目視、打検で全数チェックします。
②鋳物接合部は分解せずに、目視、打検するとともに、鋳物との隙間から錆の流れた跡があると、内部腐食が考えられるので念入りにチェックします。
③実際に使ってみて、握り棒のガタツキ、回転や全体のグラツキをチェックします。
④鋳物取付ボルトが突出していないかチェックします。

劣化点検ポイント部位図

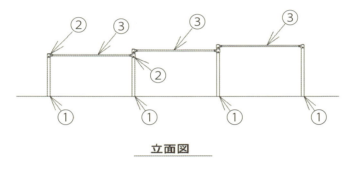

立面図

①支柱地際部腐食

②鋳物接合部腐食

③握り棒のガタツキ・回転

④ボルトの突出

4. シーソー

①支柱地際部は掘削し、腐食していないかを目視、打検で全数チェックします。
②鋳物接合部や回転部は、分解せずに目視、打検するとともに、鋳物との隙間から錆の流れた跡があると、内部腐食が考えられるので念入りにチェックします。
③持ち手のガタツキをチェックします。
④座板の裏側が腐食していないかをチェックします。
⑤実際に使ってみて、全体のグラツキや異常音をチェックします。

劣化点検ポイント部位図

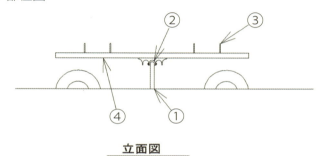

立面図

①支柱地際部腐食

②鋳物接合部・回転部腐食

③持ち手のガタツキ確認

④座板裏側部腐食

5. スプリング遊具

①スプリング部は、分解せずに目視、打検でチェックします。
②アンカーボルト固定の場合は、ボルト、ナットの腐食をチェックします。
③持ち手のガタツキや回転をチェックします。
④スプリングに錆が発生している場合は、交換します。
⑤耐用年数(標準5年)を超えたスプリングの場合は、交換します。
⑥実際に使ってみて、本体が回転したり、異常音を発したりしないかを念入りにチェックします。
⑦騎乗本体に破損箇所が無いかチェックします。

劣化点検ポイント部位図

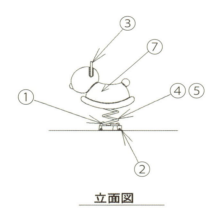

立面図

②アンカーボルト部

③持ち手のガタツキ等の確認

④スプリング錆発生部

⑥異常音や本体の回転チェック

⑦騎乗本体の破損確認

6. うんてい

①支柱は、地際部を掘削し、腐食していないかを目視、打検で全数チェックします。
②接合部は、分解せずに目視、打検するとともに、接合部の隙間から錆の流れた跡があると、内部腐食が考えられるので念入りにチェックをします。
③握り棒と梁接合部の下側の腐食をチェックします。
④実際に使ってみて、握り棒のガタツキや全体のグラツキをチェックします。

劣化点検ポイント部位図

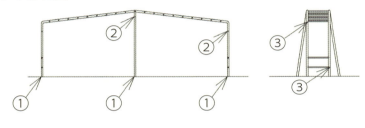

立面図

①支柱地際部腐食

②接合部腐食

③握り棒と梁接合部下側腐食

7. ジャングルジム

①支柱は、地際部を掘削し、腐食していないかを目視、打検で、全数チェックします。
②横棒と柱接合部の下側の腐食をチェックします。
③実際に使ってみて、握り棒のガタツキや全体のグラツキをチェックします。

劣化点検ポイント部位図

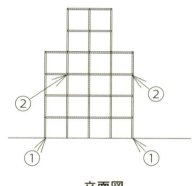

立面図

①支柱地際部腐食

②横棒と柱接合部下側腐食

③全体のグラツキ

8. 太鼓橋

①支柱は、地際部を掘削し、腐食していないかを目視、打検で全数チェックします。
②鋳物接合部は、分解せずに目視、打検するとともに、鋳物との隙間から錆の流れた跡があると、内部腐食が考えられるので念入りにチェックをします。
③実際に使ってみて、握り棒のガタツキや全体のグラツキをチェックします。

劣化点検ポイント部位図

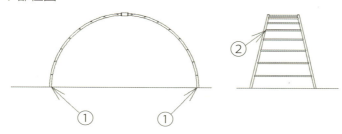

①支柱地際部腐食

②接合部下部腐食

9. 登はん棒

①支柱は、地際部を掘削し、腐食していないかを目視、打検で全数チェックします。
②登はん棒は、地際部を掘削し、腐食していないかを目視、打検で、全数チェックします。
③登はん棒上端、鋳物接合部および固定部のボルトの腐食をチェックします。
④実際に使ってみて、全体のグラツキをチェックします。

劣化点検ポイント部位図

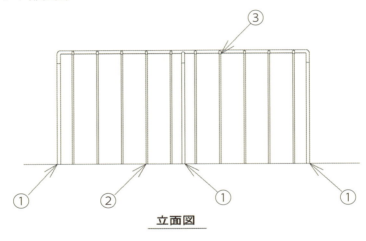

立面図

①②支柱、登はん棒地際部腐食

③登はん棒上端腐食

③鋳物接合部腐食

第Ⅶ章　遊具別劣化点検のポイント

10. 平均台

①支柱は、地際部を掘削し、腐食していないかを目視、打検で全数チェックします。
②支柱と梁との接合部が腐食していないかをチェックします。
③実際に使ってみて、握り棒のガタツキや全体のグラツキをチェックします。

劣化点検ポイント部位図

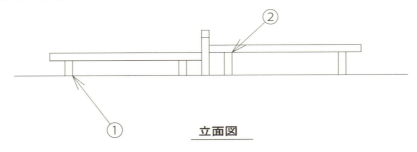

立面図

①支柱地際部腐食

②支柱と梁の接合部腐食

11. スイング遊具

①稼働部は、分解せずに目視、打検するとともに、稼働部の隙間から錆の流れた跡があると、内部腐食が考えられるので念入りにチェックします。
②持ち手のガタツキや回転をチェックします。
③スイングした時の地面との隙間をチェックします。
④椅子ブランコは、撤去とします。
⑤実際に使ってみて、本体の異常振動や異常音を念入りにチェックします。

劣化点検ポイント部位図

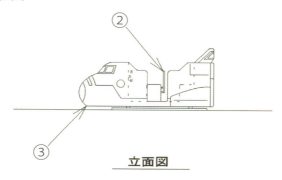

立面図

スイング稼働部グリスアップ

12. ローラーすべり台

①支柱は、地際部を掘削し、腐食していないかを目視、打検で全数チェックします。
②ローラーのベアリングケースに破損や著しい飛び出しや欠落がないかチェックします。
③ローラーとローラーの隙間に小石などが挟まっていないかをチェックします。
④側板接合プレートの角が浮き上がっていないかを念入りにチェックします。
⑤側板手すりカバーの破損（劣化、穴あき）や浮き上がりをチェックします。
⑥すべり面と側板接合部（表側と裏側）の腐食状況をチェックします。
⑦踊り場とすべり面との接合部に隙間がないかをチェックします。
⑧すべり面のローラーに破損、割れがないかをチェックします。
⑨すべり面と支柱の接合ボルトが腐食していないかをチェックします。
⑩実際に使ってみて、全体のグラツキや異常音をチェックします。

劣化点検ポイント部位図

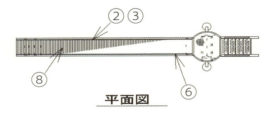

平面図

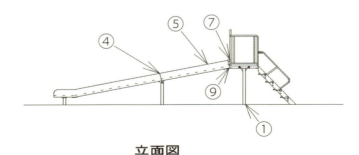

立面図

①支柱地際部腐食

②ベアリングケース破損

⑤側板手すりカバー劣化・穴あき

⑨接合部ボルト腐食

第Ⅶ章　遊具別劣化点検のポイント

13. 回転遊具

①支柱回転部は、地際部を掘削し、腐食していないかを目視、打検で全数チェックします。
②稼働部は、分解せずに目視、打検するとともに、稼働部の隙間から錆の流れた跡があると、内部腐食が考えられるので念入りにチェックします。
③持ち手のガタツキや回転をチェックします。
④回転した時の地面との隙間をチェックします。
⑤床板の裏側の腐食をチェックします。
⑥回転させるための円形状の手すりのボルトが抜けていないかをチェックします。
⑦グローブジャングルジムは、撤去とします。
⑧実際に使ってみて、本体の異常振動や異常音を念入りにチェックします。

劣化点検ポイント部位図

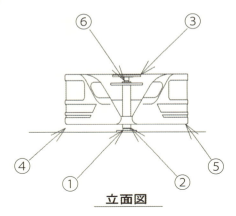

立面図

①支柱・回転部の腐食

①本体内支柱根本腐食

③持ち手のガタツキ、回転確認

⑥回転部手すり固定ボルト欠落

⑥回転部手すり固定ボルト欠落

⑦グローブジャングルジムは撤去

第Ⅶ章　遊具別劣化点検のポイント　63

14. ネットクライム

①支柱は、地際部を掘削し、腐食していないかを目視、打検で全数チェックします。
②ネットロープに摩耗や破断やほつれがないかをチェックします。
③枠に巻き付けているロープに破断やほつれがないかをチェックします。
④固定金具を分解せずに摩耗や腐食状況を目視、打検でチェックします。
⑤ネット枠の巻き付けロープ下側が腐食していないかを、目視、打検でチェックします。

劣化点検ポイント部位図

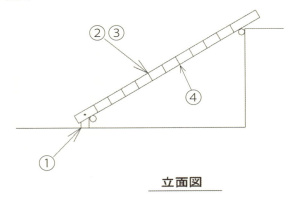

立面図

②ネットロープの破断

③巻き付けロープのほつれ

④ネット枠巻付ロープ部の腐食穴

第Ⅶ章　遊具別劣化点検のポイント

15. 砂場

①石ころや動物の糞など、異物が混入していないかをチェックします。
②水はけはよいかをチェックします。
③砂は固まっていないかをチェックします。
④枠が腐食していないかチェックします。

劣化点検ポイント部位図

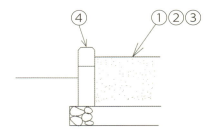

断面詳細図

④砂場枠腐食

16. 総合遊具

①各機能部位は、個別遊具に準じます。
②木製の場合は、支柱の地際部を掘削し、腐食していないかを念入りにチェックします。
③木製の場合は、梁や支柱、床板が腐食していないかを念入りにチェックします。
④木製の場合は、木材の痩せによる全体のグラツキや床板のガタツキを念入りにチェックします。
⑤すべり台着地部と他の機能部との動線が重なっていないかをチェックします。

①鉄製総合遊具風車タワー取り付け部腐食

①固定ボルトの緩み

②支柱地際部の腐食

③踊り場梁の腐食チェック

第Ⅶ章　遊具別劣化点検のポイント

③床板固定ボルトの欠落

③床板固定ボルトの緩み

③支柱上部の腐食

③床板の腐食

④梁上部の腐食

(ジャクエツ)

劣化点検表

遊具劣化点検総括表

施設名		点検者	遊具点検士		印
点検日	平成　　年　　月　　日	照査者	遊具点検士		印

遊　具　名	劣化総合判定	塗装総合判定	記　　　事

劣化総合判定　A:健全で良好(使用可)　B:軽度の部分異常(使用可)C:重度の異常(使用禁止)

塗装総合判定　A:健全で良好　B:部分塗装必要　C:全塗装必要

施設全体の報告事項(気になる点)

ブランコ劣化点検表

設置場所・施設名			点　　検　　日	平成　　　年　　　月　　　日
			遊 具 点 検 士 名	

部　　　位		点 検 項 目	判 定	塗装	点 検 方 法	備 考
安全エリア	設置環境	地面のへこみ、石ころ等の障害物はないか			目視	
		安全エリアが確保されているか			スイング方向は、幼児用は吊り具長さ1,400mm以上、児童用は1,800mm以上	
主要部材の劣化状態	支柱部	腐食がないか（地際付近）			目視・テストハンマー打診	
		腐食がないか（中間）			目視	
		ぐらつきがないか			ゆする・使用する	
		変形・破損はないか			目視	
	梁部	腐食がないか			目視	
		ぐらつきがないか			使用する	
		変形・破損はないか			目視	
	継手金具	破損・亀裂はないか			目視	
		ボルトの腐食がないか			目視	
		ボルトの緩みがないか			目視・テストハンマー打診	
	基礎部	ぐらつきがないか			ゆする	
		亀裂・破損はないか			目視	
		露出はないか			目視	
消耗部材の劣化状態	吊り金具	破損・亀裂はないか			目視	
		摩耗はないか			目視・計測	
		ボルトの摩耗・腐食はないか			目視	
		回転不良・油切れがないか			目視・聴診・使用	
	チェーン	腐食がないか			目視	
		摩耗はないか			目視・計測	
		ねじれ・変形はないか			目視	
		接続部の異常はないか			目視	
	着座部	腐食がないか			目視	
		亀裂・破損していないか			目視	
		摩耗はないか			目視・計測	
		ボルトの突起はないか			目視	
その他	安全柵	安全エリアに設置してあるか			幼児用は吊り具長さ1,400mm以上、児童用は吊り具長さ1,800mm以上	
		腐食がないか（地際付近）			目視・テストハンマー打診	
		腐食がないか（継手金具付近）			目視	
		ぐらつきがないか			ゆする	
		変形・破損はないか			目視	

劣化総合判定		塗装総合判定	
	A:健全で良好　　　　　　　　→　使 用 可 B:軽度の部分異常・不具合　　→　使 用 可 C:重度の異常・不具合　　　　→　使 用 禁 止 （C判定については報告書に写真添付）		A:健全で良好 B:部分塗装必要 C:全塗装必要

特記事項	

資料編 **71**

すべり台劣化点検表

設置場所・施設名			点　　検　　日	平成　　年　　月　　日
			遊 具 点 検 士 名	

部　　位		点　検　項　目	判定	塗装	点検方法	備　考
安全エリア	設置環境	地面のへこみ、石ころ等の障害物はないか			目視	
		安全エリアが確保されているか			着地部前は、幼児用は1,700mm以上、児童用は2,200mm以上	
主要部材の劣化状態	タラップ	腐食がないか			目視	
		変形・破損はないか			目視	
		ぐらつきがないか			ゆする	
	踊り場	腐食がないか(床板)			目視	
		腐食はないか(手すり)			目視	
		ボルトの腐食がないか			目視	
		ボルトの緩みがないか			目視・テストハンマー打診	
		ぐらつきがないか			目視	
		変形・破損はないか			目視	
	滑走部	腐食がないか(地際)			目視・テストハンマー打診	
		腐食・摩耗がないか(滑走面)			目視	
		腐食・摩耗がないか(側面)			目視	
		踊り場との接合部は適正か			目視	
		滑走手すりの隙間はないか			目視	
		ぐらつきがないか			目視・使用する	
	滑り面がローラーの場合	パイプの変形はないか			目視	
		両端キャップに破損はないか			目視	
		回転不良はないか			使用する	
		回転時異常音はしないか			聴診・使用する	
		ローラーの欠落はないか			目視	
	支柱部	腐食がないか(地際)			目視・テストハンマー打診	
		腐食がないか(中間)			目視	
		ボルトの腐食がないか			目視	
		ボルトの緩みがないか			目視・テストハンマー打診	
		ぐらつきがないか			ゆする	
		変形・破損はないか			目視	
	基礎部	ぐらつきがないか			ゆする	
		亀裂・破損はないか			目視	
		露出していないか			目視	

劣化総合判定		塗装総合判定	
	A:健全で良好　　　　　　→　使用可 B:軽度の部分異常・不具合　→　使用可 C:重度の異常・不具合　　　→　使用禁止 (C判定については報告書に写真添付)		A:健全で良好 B:部分塗装必要 C:全塗装必要

特記事項	

スプリング遊具劣化点検表

設置場所・施設名			点　検　日 平成　年　月　日					
			遊 具 点 検 士 名					

部	位	点　検　項　目	判　定	塗装	点　検　方　法	備　考
安全エリア	設置環境	地面のへこみ、石ころ等の障害物はないか		▨	目視	
		安全領域が確保されているか		▨	幼児用は1,400mm以上、児童用は1,800mm以上	
主要部材の劣化状態	上物	変形・摩耗がないか			目視	
		ボルトの腐食がないか			目視	
		ボルトの緩みがないか		▨	目視・テストハンマー打診	
		ぐらつきがないか			使用する	
		突起はないか			目視	
		引っかかりはないか			目視・触診	
		変形・破損はないか			目視	
	スプリング	腐食がないか			目視	
		ボルトの腐食がないか			目視	
		ボルトの緩みがないか		▨	目視・テストハンマー打診	
		ガタツキや異音がないか			聴診・使用する	
		微細な傷等がないか			目視	
		破損はないか			目視	
	台座	腐食がないか			目視	
		ボルトの腐食がないか			目視	
		ボルトの緩みがないか			目視・テストハンマー打診	
		変形・破損はないか			目視	
	基礎部	ぐらつきがないか		▨	ゆする	
		亀裂・破損していないか			目視	
		露出はないか			目視	

劣化総合判定		塗装総合判定	
	A：健全で良好　　　　　　　→　使用可 B：軽度の部分異常・不具合　→　使用可 C：重度の異常・不具合　　　→　使用禁止 （C判定については報告書に写真添付）		A：健全で良好 B：部分塗装必要 C：全塗装必要

特記事項	

資料編　**73**

うんてい劣化点検表

設置場所・施設名		点　　検　　日 平成　　　年　　　月　　　日					
		遊　具　点　検　士　名					

部　　　位		点　検　項　目	判　定	塗装	点検方法	備考
安全エリア	設置環境	地面のへこみ、石ころ等の障害物はないか			目視	
		安全領域が確保されているか			幼児用は1,400mm以上、児童用は1,800mm以上	
主要部材の劣化状態	支柱・昇降梯子部	腐食がないか(地際)			目視・テストハンマー打診	
		腐食がないか(中間)			目視	
		ボルトの腐食がないか			目視	
		ボルトの緩みがないか			目視・テストハンマー打診	
		ぐらつきがないか			ゆする	
		突起はないか			目視	
		引っかかりはないか			目視・触診	
		変形・破損はないか			目視	
	移動梯子部	腐食がないか(継手金具付近)			目視	
		腐食がないか(中間)			目視	
		ぐらつきがないか			ゆする	
		突起はないか			目視	
		引っかかりはないか			目視・触診	
		変形・破損はないか			目視	
	継手金具	亀裂・破損はないか			目視	
		ボルトの腐食がないか			目視	
		ボルトの緩みがないか			目視・テストハンマー打診	
		ボルトの突起はないか			目視	
	基礎部	ぐらつきがないか			ゆする	
		亀裂・破損はないか			目視	
		露出はないか			目視	

劣化総合判定		塗装総合判定	
A：健全で良好　　　　　　　　　　➡　使用　可		A：健全で良好	
B：軽度の部分異常・不具合　　　　➡　使用　可		B：部分塗装必要	
C：重度の異常・不具合　　　　　　➡　使用禁止		C：全塗装必要	
(C判定については報告書に写真添付)			

特記事項	

総合遊具劣化点検表

設置場所・施設名			点　　検　　日	平成　　　年　　　月　　　日
			遊具点検士名	

部　　位		点　検　項　目	判　定	塗装	点　検　方　法	備　考
安全エリア	設置環境	地面のへこみ、石ころ等の障害物はないか		▨	目視	
		安全領域が確保されているか		▨	幼児用は1,400mm以上、児童用は1,800mm以上 すべり降り方向は、幼児用は1,700mm以上、児童用は2,200mm以上	
主要部材の劣化状態	支柱部	腐食がないか(地際)			目視・テストハンマー打診	
		腐食がないか(中間)			目視	
		腐食がないか(接合部付近)		▨	目視	
		ぐらつきがないか			ゆする	
		ボルトの腐食がないか			目視	
		ボルトの緩みがないか		▨	目視・テストハンマー打診	
		変形・破損はないか			目視	
	踊り場	腐食がないか(床板)			目視	
		腐食がないか(手すり)			目視	
		ボルトの腐食がないか			目視	
		ボルトの緩みがないか		▨	目視・テストハンマー打診	
		変形・破損はないか			目視	
	部品	木部の腐食・破損がないか			目視	
		パネルの腐食・破損はないか		▨	目視	
		ボルトの腐食がないか			目視	
		ボルトの緩みはないか			目視・テストハンマー打診	
		ぐらつきがないか			ゆする	
		変形・破損はないか			目視	
	基礎部	ぐらつきがないか			ゆする	
		亀裂・破損はないか			目視	
		露出はないか		▨	目視	
	ネット類	梁及び支柱との固定は十分か			目視	
		ネット類の腐食はないか			目視	
		ネット類の摩耗はないか			目視	
	滑走部	腐食がないか(地際)			目視・テストハンマー打診	
		腐食・摩耗がないか(滑走面)			目視	
		腐食・摩耗がないか(側面)		▨	目視	
		踊り場との接合部は適正か			目視	
		滑走手すりの隙間はないか			目視	
		ぐらつきがないか			目視・使用する	
	滑り面がローラーの場合	パイプの変形はないか			目視	
		両端キャップに破損はないか			目視	
		回転不良はないか		▨	使用する	
		回転時異常音はしないか			聴診・使用する	
		ローラーの欠落はないか			目視	

劣化総合判定		塗装総合判定	
	A:健全で良好　　　　　　　　　⟶　使用可 B:軽度の部分異常・不具合　　⟶　使用可 C:重度の異常・不具合　　　　⟶　使用禁止 (C判定については報告書に写真添付)		A:健全で良好 B:部分塗装必要 C:全塗装必要

特記事項	

資料編　75

ハウス遊具劣化点検表

設置場所・施設名		点　検　日	平成　　年　　月　　日
		遊 具 点 検 士 名	

部　　　位		点　検　項　目	判　定	塗装	点検方法	備　考
安全エリア	設置環境	地面のへこみ、石ころ等の障害物はないか			目視	
		安全領域が確保されているか			幼児用は1,400mm以上、児童用は1,800mm以上	
主要部材の劣化状態	支柱部	腐食がないか(地際付近)			目視・テストハンマー打診	
		腐食がないか(中間)			目視	
		ぐらつきがないか			ゆする	
		変形・破損していないか			目視	
	踊り場	腐食がないか(床板)			目視	
		腐食がないか(手すり)			目視	
		ボルトの腐食がないか			目視	
		ボルトの緩みがないか			目視・テストハンマー打診	
		ぐらつきがないか			ゆする	
		突起はないか			目視	
		引っかかりはないか			目視・触診	
		変形・破損はないか			目視	
	屋根部	腐食がないか			目視	
		ボルトの腐食がないか			目視	
		ボルトの緩みがないか			目視・テストハンマー打診	
		ぐらつきがないか			ゆする	
		変形・破損はないか			目視	
	タラップ	腐食がないか			目視	
		変形・破損はないか			目視	
		ぐらつきがないか			ゆする	
	基礎部	ぐらつきがないか			ゆする	
		亀裂・破損はないか			目視	
		露出はないか			目視	

劣化総合判定		塗装総合判定	
	A：健全で良好　　　　　　　━━▶　使 用 可 B：軽度の部分異常・不具合　━━▶　使 用 可 C：重度の異常・不具合　　　━━▶　使 用 禁 止 (C判定については報告書に写真添付)		A：健全で良好 B：部分塗装必要 C：全塗装必要

特記事項	

ジャングルジム劣化点検表

設置場所・施設名			点　検　日	平成　　年　　月　　日
			遊具点検士名	

部　　位		点　検　項　目	判　定	塗装	点　検　方　法	備　考
安全エリア	設置環境	地面のへこみ、石ころ等の障害物はないか		▒	目視	
		安全領域が確保されているか		▒	幼児用は1,400mm以上、児童用は1,800mm以上	
主要部材の劣化状態	縦部材	腐食がないか(地際)			目視	
		腐食がないか(中間)			目視	
		腐食がないか(継手金具・溶接部)			目視	
		ぐらつきがないか		▒	ゆする	
		変形・破損はないか			目視	
	横部材	腐食がないか(継手金具・溶接部)			目視	
		腐食がないか(中間)			目視	
		ぐらつきがないか		▒	目視	
		変形・破損はないか			目視	
		開口部は適正か			目視	
	接合部	変形・破損はないか			目視	
		ボルトの腐食がないか			目視	
		突起はないか		▒	目視	
		引っかかりはないか			目視・触診	
		ボルトの緩みがないか			目視・テストハンマー打診	
	基礎部	ぐらつきがないか		▒	ゆする	
		亀裂・破損はないか			目視	
		露出はないか			目視	

劣化総合判定		塗装総合判定	
	A:健全で良好　　　　　　　　　　⟶　使用可 B:軽度の部分異常・不具合　　　⟶　使用可 C:重度の異常・不具合　　　　　　⟶　使用禁止 (C判定については報告書に写真添付)		A:健全で良好 B:部分塗装必要 C:全塗装必要

特記事項	

資料編 77

登はん棒劣化点検表

設置場所・施設名				点　検　日 平成　　　年　　　月　　　日			
				遊 具 点 検 士 名			

部　　位		点　検　項　目	判　定	塗装	点検方法	備考
安全エリア	設置環境	地面のへこみ、石ころ等の障害物はないか			目視	
		安全領域が確保されているか			幼児用は1,400mm以上、児童用は1,800mm以上	
主要部材の劣化状態	支柱部	腐食がないか(地際)			目視・テストハンマー打診	
		腐食がないか(中間)			目視	
		腐食がないか(継手金具付近)			目視	
		ぐらつきがないか			ゆする	
		変形・破損はないか			目視	
	梁	腐食がないか(継手・溶接部)			目視	
		腐食がないか(継手金具付近)			目視	
		腐食がないか(中間)			目視	
		ぐらつきがないか			ゆする	
		変形・破損はないか			目視	
	継手金具	変形・破損はないか			目視	
		ボルトの腐食がないか			目視	
		ボルトの突起はないか			目視	
		ボルトの緩みがないか			目視・テストハンマー打診	
		腐食がないか			目視	
	登はん棒	突起がないか			目視	
		引っかかりはないか			目視・触診	
		変形・破損はないか			目視	
	基礎部	ぐらつきがないか			ゆする	
		亀裂・破損はないか			目視	
		露出はないか			目視	

劣化総合判定			塗装総合判定	
	A:健全で良好　　　　　　　　　→　　使 用 可			A:健全で良好
	B:軽度の部分異常・不具合　　　→　　使 用 可			B:部分塗装必要
	C:重度の異常・不具合　　　　　→　　使 用 禁 止			C:全塗装必要
	(C判定については報告書に写真添付)			

特記事項	

低鉄棒劣化点検表

設置場所・施設名			点　　検　　日		平成	年	月	日
			遊　具　点　検　士　名					

部	位	点　検　項　目	判定	塗装	点検方法	備考
安全エリア	設置環境	地面のへこみ、石ころ等の障害物はないか		▨	目視	
		安全領域が確保されているか		▨	スイング方向は、幼児用は1,700mm以上、児童用は2,200mm以上	
				▨	その他の方向は、幼児用は1,400mm以上、児童用は1,800mm以上	
主要部材の劣化状態	支柱部	腐食がないか(地際)			目視・テストハンマー打診	
		腐食がないか(中間)			目視	
		腐食がないか(継手金具付近)			目視	
		ぐらつきがないか		▨	ゆする	
		変形・破損はないか			目視	
	握り棒	腐食がないか(継手金具付近)			目視	
		腐食がないか(中間)			目視	
		ぐらつきがないか		▨	使用する	
		回転しないか			使用する	
		変形・破損はないか			目視	
	継手金具	ボルトの腐食がないか			目視	
		ボルトの緩みはないか			目視・テストハンマー打診	
		ボルトの突出はないか			目視	
		変形・破損はないか			目視	
	基礎部	ぐらつきがないか		▨	ゆする	
		亀裂・破損はないか			目視	
		露出はないか			目視	

劣化総合判定		塗装総合判定	
A:健全で良好　　　　　　　→　使用　可 B:軽度の部分異常・不具合　→　使用　可 C:重度の異常・不具合　　　→　使用禁止 (C判定については報告書に写真添付)			A:健全で良好 B:部分塗装必要 C:全塗装必要

特記事項	

資料編 **79**

ロープウェー劣化点検表

設置場所・施設名			点　検　日	平成		年		月		日
			遊具点検士名							

部　位		点　検　項　目	判　定	塗装	点検方法	備　考
安全エリア	設置環境	地面のへこみ、石ころ等の障害物はないか			目視	
		安全領域が確保されているか			幼児用は1,400mm以上、児童用は1,800mm以上	
主要部材の劣化状態	支柱部	腐食がないか（地際）			目視・テストハンマー打診	
		腐食がないか（中間）			目視	
		腐食がないか（継手金具付近）			目視	
		ぐらつきがないか			ゆする	
		変形・破損はないか			目視	
	梁	腐食がないか（継手・溶接部）			目視	
		腐食がないか（継手金具付近）			目視	
		腐食がないか（中間）			目視	
		ぐらつきがないか			ゆする	
		変形・破損はないか			目視	
	踊り場	腐食がないか（床板）			目視	
		腐食がないか（手すり）			目視	
		ボルトの腐食がないか			目視	
		ボルトの緩みがないか			目視・テストハンマー打診	
		変形・破損はないか			目視	
	ケーブル固定具緩衝装置	腐食がないか			目視	
		ぐらつきがないか			目視	
		変形・破損はないか			目視	
	継手金具	ボルトの緩みがないか			目視	
		変形・破損はないか			目視	
	基礎部	ぐらつきがないか			ゆする	
		亀裂・破損はないか			目視	
		露出はないか			目視	
消耗部材の劣化状態	ケーブル	素線切れしていないか			目視	
		摩耗していないか			目視	
		錆が発生していないか			目視	
		ワイヤークリップの緩みがないか			目視・テストハンマー打診	
	滑車部	回転不良がないか			使用する	
		異音がしないか			聴診・使用する	
		手の挟み込み防止対策はできているか			目視	
		変形・破損はないか			目視	
	吊り下げ部	摩耗はないか			目視	
		ほつれ・ねじれはないか			目視	
		変形・破損はないか			目視	

劣化総合判定		塗装総合判定	
A：健全で良好　　　　　　　　　→　使用可			A：健全で良好
B：軽度の部分異常・不具合　　　→　使用可			B：部分塗装必要
C：重度の異常・不具合　　　　　→　使用禁止			C：全塗装必要
（C判定については報告書に写真添付）			

特記事項	

回転遊具劣化点検表

設置場所・施設名			点　検　日	平成　　年　　月　　日
			遊具点検士名	

部	位	点　検　項　目	判定	塗装	点検方法	備考
安全エリア	設置環境	地面のへこみ、石ころ等の障害物はないか			目視	
		安全エリアが確保されているか			幼児用は1,400mm以上、児童用は1,800mm以上	
主要部材の劣化状態	支柱部	腐食がないか（地際）			目視・テストハンマー打診	
		腐食がないか（中間）			目視	
		腐食がないか（継手金具付近）			目視	
		ぐらつきがないか			ゆする	
		変形・破損はないか			目視	
	本体	腐食がないか			目視	
		ボルトの腐食がないか			目視	
		ボルトの緩みがないか			目視・テストハンマー打診	
		ぐらつきがないか			ゆする	
		突起はないか			目視	
		引っかかりはないか			目視・触診	
		指詰めの危険はないか			目視	
		変形・破損はないか			目視	
	回転部	腐食がないか			目視	
		ボルトの腐食がないか			目視	
		ボルトの緩みがないか			目視・テストハンマー打診	
		変形・破損はないか			目視	
		異常音はないか			聴診・使用する	
		回転不良はないか			使用する	
	基礎部	ぐらつきがないか			ゆする	
		亀裂・破損はないか			目視	
		露出はないか			目視	

劣化総合判定

A:健全で良好　　　　　　　→　使用可
B:軽度の部分異常・不具合　→　使用可
C:重度の異常・不具合　　　→　使用禁止
（C判定については報告書に写真添付）

塗装総合判定

A:健全で良好
B:部分塗装必要
C:全塗装必要

特記事項

スイング遊具劣化点検表

設置場所・施設名			点　　検　　日	平成		年		月		日
			遊　具　点　検　士　名							

部　　位		点　検　項　目	判定	塗装	点検方法	備　考
安全エリア	設置環境	地面のへこみ、石ころ等の障害物はないか		▨	目視	
		安全エリアが確保されているか			幼児用は1,400mm以上、児童用は1,800mm以上	
主要部材の劣化状態	フレーム	腐食がないか(地際)			目視・テストハンマー打診	
		腐食がないか(中間)			目視	
		腐食がないか(継手金具付近)			目視	
		ぐらつきがないか		▨	ゆする	
		変形・破損はないか			目視	
	本体	腐食がないか			目視	
		ボルトの腐食がないか			目視	
		ボルトの緩みがないか			目視・テストハンマー打診	
		ぐらつきがないか		▨	ゆする	
		突起はないか			目視	
		引っかかりはないか			目視・触診	
		指詰めの危険はないか			目視	
		変形・破損はないか			目視	
	可動部	腐食がないか			目視	
		ボルトの腐食がないか			目視	
		ボルトの緩みがないか			目視・テストハンマー打診	
		変形・破損はないか		▨	目視	
		ガタツキがないか			使用する	
		異常音はないか			聴診・使用する	
		スムーズに動くか			使用する	
	基礎部	ぐらつきがないか			ゆする	
		亀裂・破損はないか		▨	目視	
		露出はないか			目視	

劣化総合判定		塗装総合判定	
	A:健全で良好　　　　　　　　　　→　　使　用　可		A:健全で良好
	B:軽度の部分異常・不具合　　　　→　　使　用　可		B:部分塗装必要
	C:重度の異常・不具合　　　　　　→　　使　用　禁　止		C:全塗装必要
	(C判定については報告書に写真添付)		

特記事項	

ネットクライム劣化点検表

設置場所・施設名			点　　検　　日	平成　　年　　月　　日
			遊　具　点　検　士　名	

部　　　位		点　検　項　目	判　定	塗装	点検方法	備　考
安全エリア	設置環境	地面のへこみ、石ころ等の障害物はないか		▨	目視	
		安全領域が確保されているか		▨	幼児用は1,400mm以上、児童用は1,800mm以上	
主要部材の劣化状態	支柱部	腐食がないか(地際)			目視・テストハンマー打診	
		腐食がないか(中間)			目視	
		腐食がないか(継手金具付近)		▨	目視	
		ぐらつきがないか			ゆする	
		変形・破損はないか			目視	
	梁	腐食がないか(継手・溶接部)			目視	
		腐食がないか(中間)			目視	
		腐食がないか(継手金具付近)		▨	目視	
		ぐらつきがないか			ゆする	
		変形・破損はないか			目視	
	継手金具	変形・破損はないか			目視	
		ボルトの腐食がないか		▨	目視	
		ボルトの緩みがないか			目視・テストハンマー打診	
	手すり	腐食がないか(継手・溶接部)			目視	
		ぐらつきがないか		▨	ゆする	
		変形・破損はないか			目視	
	ネット	梁及び支柱との固定は十分か			目視	
		ネットの腐食はないか		▨	目視	
		ネットの摩耗はないか			目視	
	基礎部	ぐらつきがないか			ゆする	
		亀裂・破損はないか		▨	目視	
		露出はないか			目視	

劣化総合判定	A:健全で良好　　　　　　　　　　━━▶　使 用 可 B:軽度の部分異常・不具合　　　━━▶　使 用 可 C:重度の異常・不具合　　　　　━━▶　使 用 禁 止 (C判定については報告書に写真添付)	塗装総合判定	A:健全で良好 B:部分塗装必要 C:全塗装必要

特記事項	

資料編　83

ステップ・平均台劣化点検表

設置場所・施設名			点　検　日 平成　　年　　月　　日				
			遊　具　点　検　士　名				

部　　　位		点　検　項　目	判　定	塗装	点検方法	備　考
安全エリア	設置環境	地面のへこみ、石ころ等の障害物はないか			目視	
		安全領域が確保されているか			幼児用は1,400mm以上、児童用は1,800mm以上	
主要部材の劣化状態	支柱部	腐食がないか(地際)			目視・テストハンマー打診	
		腐食がないか(中間)			目視	
		ボルトの腐食がないか			目視	
		ボルトの緩みがないか			目視・テストハンマー打診	
		ぐらつきがないか			ゆする	
		変形・破損はないか			目視	
	歩行部	腐食がないか			目視	
		ぐらつきがないか			ゆする	
		変形・破損はないか			目視	
		突起はないか			目視	
		引っかかりはないか			目視	
		指詰めの危険はないか			目視	
	基礎部	ぐらつきがないか			ゆする	
		亀裂・破損はないか			目視	
		露出はないか			目視	

劣化総合判定			塗装総合判定	
	A:健全で良好　　　　　　　　 ⟶　使用可			A:健全で良好
	B:軽度の部分異常・不具合　　 ⟶　使用可			B:部分塗装必要
	C:重度の異常・不具合　　　　 ⟶　使用禁止			C:全塗装必要
	(C判定については報告書に写真添付)			

特記事項	

シーソー劣化点検表

設置場所・施設名			点　検　日	平成		年		月		日
			遊具点検士名							

部　位		点　検　項　目	判　定	塗装	点検方法	備考
安全エリア	設置環境	地面のへこみ、石ころ等の障害物はないか			目視	
		安全エリアが確保されているか			幼児用は1,400mm以上、児童用は1,800mm以上	
主要部材の劣化状態	支柱部	腐食がないか（地際）			目視・テストハンマー打診	
		腐食がないか（中間）			目視	
		腐食がないか（継手金具付近）			目視	
		ぐらつきがないか			ゆする	
		変形・破損はないか			目視	
	本体	腐食がないか			目視	
		ボルトの腐食がないか			目視	
		ボルトの緩みがないか			目視・テストハンマー打診	
		ぐらつきがないか			ゆする	
		突起はないか			目視	
		引っかかりはないか			目視・触診	
		指詰めの危険はないか			目視	
		変形・破損はないか			目視	
	駆動部	腐食がないか			目視	
		ボルトの腐食がないか			目視	
		ボルトの緩みがないか			目視・テストハンマー打診	
		変形・破損はないか			目視	
		異常音はないか			聴診・使用する	
		スムーズに動くか			使用する	
	基礎部	ぐらつきがないか			ゆする	
		亀裂・破損はないか			目視	
		露出はないか			目視	

劣化総合判定		塗装総合判定	
A：健全で良好　　　　　　→　使用可 B：軽度の部分異常・不具合　→　使用可 C：重度の異常・不具合　　→　使用禁止 （C判定については報告書に写真添付）			A：健全で良好 B：部分塗装必要 C：全塗装必要

特記事項	

資料編　85

太鼓橋劣化点検表

設置場所・施設名		点　　検　　日	平成　　　年　　　月　　　日
		遊 具 点 検 士 名	

部　　　位		点 　検 　項 　目	判 定	塗装	点検方法	備　考
安全エリア	設置環境	地面のへこみ、石ころ等の障害物はないか			目視	
		安全領域が確保されているか			幼児用は1,400mm以上、児童用は1,800mm以上	
主要部材の劣化状態	アーチ型支柱部	腐食がないか(地際)			目視・テストハンマー打診	
		腐食がないか(中間)			目視	
		ボルトの腐食がないか			目視	
		ボルトの緩みがないか			目視・テストハンマー打診	
		ぐらつきがないか			ゆする	
		突起はないか			目視	
		引っかかりはないか			目視・触診	
		変形・破損はないか			目視	
	横架材	腐食がないか(継手金具付近)			目視	
		腐食がないか(中間)			目視	
		ぐらつきがないか			ゆする	
		突起はないか			目視	
		引っかかりはないか			目視・触診	
		変形・破損はないか			目視	
	継手金具	亀裂・破損はないか			目視	
		ボルトの腐食がないか			目視	
		ボルトの緩みがないか			目視・テストハンマー打診	
		ボルトの突起はないか			目視	
	基礎部	ぐらつきがないか			ゆする	
		亀裂・破損はないか			目視	
		露出はないか			目視	

劣化総合判定			塗装総合判定	
	A:健全で良好	⟶　使用 可		A:健全で良好
	B:軽度の部分異常・不具合	⟶　使用 可		B:部分塗装必要
	C:重度の異常・不具合	⟶　使用禁止		C:全塗装必要
	(C判定については報告書に写真添付)			

特記事項	

砂場劣化点検表

設置場所・施設名			点　検　日	平成　　年　　月　　日
			遊具点検士名	

部　　位		点　検　項　目	判　定	塗装	点検方法	備　考
安全エリア	設置環境	地面のへこみ、石ころ等の障害物はないか		▨	目視	
		安全領域が確保されているか		▨	幼児用・児童用共500mm以上	
主要部材の劣化状態	枠	腐食がないか（地際）			目視・テストハンマー打診	
		腐食がないか（中間）			目視	
		腐食がないか（踏み面）			目視	
		ぐらつきがないか		▨	ゆする	
		変形・破損はないか			目視	
		突起はないか			目視	
		引っかかりはないか			目視	
		指詰めの危険はないか			目視	
	砂	異物は混入していないか		▨	目視	
		固まっていないか			目視・掘り起こし	
		量は適切か			目視	
		水はけは良いか			目視	
	基礎部	ぐらつきがないか		▨	目視	
		亀裂・破損はないか			目視	
		露出はないか			目視	

劣化総合判定	A：健全で良好　　　　　　　　　　→　使用可 B：軽度の部分異常・不具合　　　→　使用可 C：重度の異常・不具合　　　　　　→　使用禁止 （C判定については報告書に写真添付）	塗装総合判定	A：健全で良好 B：部分塗装必要 C：全塗装必要

特記事項	

資料編　87

その他遊具劣化点検表

設置場所・施設名			点　　検　　日	平成　　年　　月　　日
			遊　具　点　検　士　名	

部　　位		点　検　項　目	判　定	塗装	点検方法	備考
安全エリア	設置環境	地面のへこみ、石ころ等の障害物はないか			目視	
		安全領域が確保されているか			幼児用は1,400mm以上、児童用は1,800mm以上 すべり降り方向は、幼児用は1,700mm以上 児童用は2,200mm以上	
主要部材の劣化状態	支柱部	腐食がないか（地際）			目視・テストハンマー打診	
		腐食がないか（中間）			目視	
		腐食がないか（接合部付近）			目視	
		ぐらつきがないか			ゆする	
		変形・破損はないか			目視	
	梁部	腐食がないか			目視	
		ぐらつきがないか			使用する	
		変形・破損はないか			目視	
	床	腐食がないか			目視	
		ボルトの腐食がないか			目視	
		ボルトの緩みがないか			目視・テストハンマー打診	
		変形・破損はないか			目視	
	手すり	腐食がないか			目視	
		ボルトの腐食がないか			目視	
		ボルトの緩みがないか			目視・テストハンマー打診	
		変形・破損はないか			目視	
	継手金具	亀裂・破損はないか			目視	
		ボルトの腐食がないか			目視	
		ボルトの緩みがないか			目視・テストハンマー打診	
		ボルトの突起はないか			目視	
	部品	部品の腐食・破損がないか			目視	
		ボルトの腐食がないか			目視	
		ボルトの緩みはないか			目視・テストハンマー打診	
		ぐらつきがないか			ゆする	
		変形・破損はないか			目視	
	基礎部	ぐらつきがないか			ゆする	
		亀裂・破損はないか			目視	
		露出はないか			目視	

※必要に応じて部位を追加する

劣化総合判定				塗装総合判定	
	A:健全で良好	⟶	使 用 可		A:健全で良好
	B:軽度の部分異常・不具合	⟶	使 用 可		B:部分塗装必要
	C:重度の異常・不具合	⟶	使 用 禁 止		C:全塗装必要
	（C判定については報告書に写真添付）				

特記事項	

サーキットあそび

　サーキットあそびとは、スタートとゴールが同じ地点の、巡回するあそびのことです。繰り返し遊ぶことで、様々な体力や能力が養われます。ここでは、一例を紹介します。公園に設置された遊具で、子どもの体力に合わせたコースづくりをしてみましょう。

①のぼり棒：育つ能力 → 筋力、協応性、持久力、器用さ、身体認識力、空間認知能力
　まずは、のぼり棒。速く登るためには、腕の力だけでなく、全身を上手に使う必要があります。

②平均台：育つ能力 → バランス感覚、器用さ、身体認識力
　両手を広げ、落ちないように、平均台を渡ります。バランス感覚が、どんどん身についていきます。

③つり輪うんてい：育つ能力 → 筋力、協応性、持久力、リズム感、器用さ、空間認知能力
　全身を振って、渡っていきます。リズム感が自然と身についていきます。

④ネット斜面：育つ能力 → 筋力、協応性、バランス感覚、器用さ、身体認識力
　たわむネットに、手をかけ、足をかけて登っていきます。身体認識力の発達には、とても適した遊具です。

⑤トンネルすべり台：育つ能力 → 筋力、バランス感覚、スピード感覚、空間認知能力
　最後には、すべり台ならではのスピード感を味わいます。そのままのぼり棒へ行けば、2周目です。

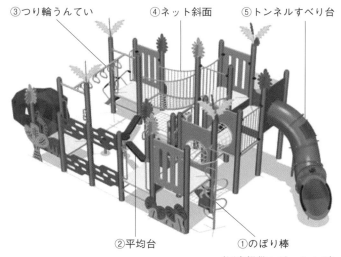

（写真提供：ジャクエツ）

文献
前橋　明・ジャクエツ プレイデザインラボ『あそぶだけ！公園遊具で子どもの体力がグングンのびる！』講談社, 2015年

おわりに

　今日、子どもたちの運動あそびには、安全面での悩みや不安のもやもやが深くつきまとっています。

　でも、大丈夫です。あなたが手にしたこのテキストには、とてもシンプルで、かつ、明快な答えがあります。

　子どもたちを、もっと安全に遊ばせる方法を学ぶのです。外で、友だちといっしょに思いきり遊ばせる環境をつくってあげるのです。ただ、それだけなのです。

　園庭や公園、遊園地に出て、時を忘れて遊び込むことができるよう、運動遊具の安全管理や安全で正しい使い方を明確にしておかねばなりません。

　本書は、その要望に応えるべく、運動遊具の安全管理・安全指導のできる指導者養成のテキストとして、誕生しました。わが国では、固定遊具の使い方を誰からも教わることなく、子どもたちは、見よう見まねで身につけてきました。ただ、そのモデルとなるお兄ちゃんやお姉ちゃん、ガキ大将が不在の時代、どこから見とり学習をするのでしょうか。保育者の方も、大学における保育者養成の講座を通して、きちんと教わったという人はいないでしょう。本書で提供する運動遊具の安全管理・安全指導の基本を身につければ、運動あそびにおける危険の問題や心配は、スーッとうそのように晴れていくでしょう。

　知って下さい、安全管理の基本や安全指導の方法を！　本書をしっかり活用され、子どもたちの生活の中に、安全で、かつ楽しい運動の機会を十分に設けていただければ、幸いです。

前橋　明

文　献
1）前橋　明・ジャクエツ　プレイデザインラボ：あそぶだけ！公園遊具で子どもの体力がグングンのびる！，講談社，2015.
2）前橋　明：3歳からの今どき「外あそび」育児，主婦の友社，2015.

執筆者紹介

前橋　明（まえはし・あきら）（編著者）

早稲田大学人間科学学術院健康福祉科学科教授、日本幼児体育学会会長

米国ミズーリー大学で修士（教育学）を、岡山大学で博士（医学）を取得。著書に『乳幼児の健康』『幼児体育〜理論と実践〜』『いま、子どもの心とからだが危ない』（すべて大学教育出版）。監修に『0・1・2さいのすこやかねんねのふわふわえほん』（講談社）など。

1998 年に日本保育学会研究奨励賞、2002 年に日本幼少児健康教育学会功労賞、2008 年に日本保育園保健学会保育保健賞を受賞。

（はじめに、第Ⅰ章、第Ⅱ章、第Ⅲ章、第Ⅳ章、おわりに）

永井伸人（ながい・のぶひと）

国学院高等学校教諭

日本幼児体育学会理事、資格認定委員会委員長

東京都体操協会選手強化委員

（第Ⅲ章）

浅川和美（あさかわ・かずみ）

山梨大学教授・博士（医科学）

日本幼児体育学会専門指導員

（第Ⅴ章）

株式会社ジャクエツ

1916 年創業。「こども環境の未来をつくる」をスローガンに、全国の幼稚園・保育園に向け、安心安全で高品質なオリジナル教材・教具の開発、製造、販売を行っている。

（第Ⅲ章、第Ⅵ章、第Ⅶ章）

■編著者紹介

前橋　明（まえはし・あきら）

早稲田大学人間科学学術院健康福祉科学科教授、日本幼児体育学会会長。
米国ミズーリー大学で修士（教育学）を、岡山大学で博士（医学）を取
得。著書に『乳幼児の健康』『幼児体育〜理論と実践〜』『いま、子ども
の心とからだが危ない』（すべて大学教育出版）。監修に『０・１・２さい
のすこやかねんねのふわふわえほん』（講談社）など。
1998 年に日本保育学会研究奨励賞、2002 年に日本幼少児健康教育学会
功労賞、2008 年に日本保育園保健学会保育保健賞を受賞。

日本幼児体育学会認定　幼児体育指導員養成テキスト
運動遊具の安全管理・安全指導
スペシャリスト

2016 年 6 月 30 日　初版第 1 刷発行

■編 著 者──前橋　明
■発 行 者──佐藤　守
■発 行 所──株式会社 **大学教育出版**
　　　　　　〒 700-0953　岡山市南区西市 855-4
　　　　　　電話 (086) 244-1268 ㈹　FAX (086) 246-0294
■印刷製本──サンコー印刷㈱
■Ｄ Ｔ Ｐ──林　雅子

© Akira Maehashi 2016, Printed in Japan
検印省略　　落丁・乱丁本はお取り替えいたします。
本書のコピー・スキャン・デジタル化等の無断複製は著作権法上での例
外を除き禁じられています。本書を代行業者等の第三者に依頼してス
キャンやデジタル化することは、たとえ個人や家庭内での利用でも著作
権法違反です。

ISBN978-4-86429-394-5